Aen Cangsaw Gvangjsih Saujsu Minzcuz Feihvuzciz Vwnzva Yizcanj

广西少数民族非物质文化遗产书库

VAHSUG BOUXCUENGH GYOEBBAENZ
壮族俗语集成

BIEN BINGZGOJ · FWENDUENZ
平果篇 · 谜歌

Soucomz cingjleix fanhoiz：Banh Yunvanz

搜集 整理 翻译：潘润环

Gvangjsih Minzcuz Cuzbanjse
广西民族出版社

图书在版编目（CIP）数据

壮族俗语集成·平果篇.谜歌：壮文/潘润环搜集、整理、翻译. —南宁：广西民族出版社，2015.10
ISBN 978-7-5363-7000-5

Ⅰ.①壮… Ⅱ.①潘… Ⅲ.①壮语—俗语—汇编—平果县 Ⅳ.①H218.3

中国版本图书馆CIP数据核字（2015）第247064号

Aen Cangsaw Gvangjsih Saujsu Minzcuz Feihvuzciz Vwnzva Yizcanj
广西少数民族非物质文化遗产书库

VAHSUG BOUXCUENGH GYOEBBAENZ · BIEN BINGZGOJ · FWENDUENZ

壮族俗语集成·平果篇·谜歌

搜集　整理　翻译：潘润环
责任编辑：韦林利
助理编辑：潘小邕
装帧设计：李良华
责任印制：蓝　锋
出版发行：广西民族出版社
　　　　　地址：广西南宁市青秀区桂春路3号　邮编：530028
　　　　　电话：0771—5523216　传真：0771—5523225
制版印刷：广西地质印刷厂
规　　格：890毫米×1240毫米　1/32
印　　张：7.5
字　　数：250千字
版　　次：2015年10月第1版
印　　次：2015年10月第1次印刷
书　　号：ISBN 978-7-5363-7000-5/H·68
定　　价：24.00元

※版权所有·侵权必究※

Vahgonq

2010 nienz 5 nyied, mizhing ndaej daengz saenq yozgauj Gvangjsih Minzcuz Cuzbanjse, ndawsim gamj daengz angq dangqmaz. Liglaiz aihauq minzcuz vwnzva di gou yinhyenz mbe ok leu sa, daez hwnj leu bit, gyoebcomz goengrengz haeuj daengz "bitgwngh" gunghcoz gaxgonq mboujmiz gvaq haenx, youq "bya cungz raemx fuk ngeiz fouz roen" di sij faenzcieng、soucomz、cingjleix gyangndaw, ginglig genhsin, ciemz ndo hojnanz, hoeng mbouj doiqswz, vanzlij fwncan. Byaij ndoi beuz mbanj, cam bouxgeq cunz bouxmaenh, max mbouj dingz daez, vunz mbouj yietbaeg. Gij gingjsieng "haenz liux va mingz youh mbanj ndeu" dauqdaej okyienh. Singaenx raemxhanh rwed di duj va'iq minzcuz vwnzva neix, ngoenzneix yungh moqsaksak di yienghsiengq youq diegsuen swhgeij, dak youq gyang ndetcin ndaw caenhcingz dekhai. Caen dwg it faen gaenxlauz, it faen soundaej; cih hoj ma dangq daeuz, sim angq youq ndaw de.

Vahduenz, dwg canjbinj ndawbiengz. Daj ciuhgonq daeuj dauqcawq riuzcienz youq rangh Bingzgoj. Aenvih de dwg gij fwen yungh haj vamz seiq gawq caez dawzyinh di geksik bienqbaenz, soyij vunz raeuz caemh heuhguh "fwenduenz" hixnaeuz "fwendap". Yinzminz ginzcung angq dingq, caemh angq ciengq angq guh, cengdi dapdaengz gij dieggyaiq miz huq doq baenz duenz, miz duenz doq baenz fwen. Miz hot fwen gangj: "Ndawbiengz cien fanh saeh, sachsach doq haeuj yinx, geij coenz vah doxgap, habbaenz hot fwenduenz." Moix hot fwenduenz doq hamz miz aen ndeu daengz seiq aen maezdaez. Lumjbaenz: Fwenduenz hamz miz aen maezdaez ndeu di "gaiqmaz ndaej dang caz, caz mbouj ndaej dang de, vah gangj mbouj dwg cej, lau bouxgeq naeuz mwngz"; fwenduenz hamz miz song aen maezdaez di "gaiqmaz liuq lumj raemx, roengz raemx cungj mbouj caem; gaiqmaz mbouj dwg raemx, roengz raemx mbouj haen riz"; fwenduenz hamz miz sam aen maezdaez di "mwngz siengq daengz mbouj daengz, gaiqmaz naeng gag bok, gaiqmaz naeng duk ndok, gaiqmaz ndok duk noh"; fwenduenz hamz miz seiq aen maezdaez di "yienghlawz gyaeuj meiz linx, yienghlawz din meiz yaz, yienghlawz gumq meiz da, yienghlawz ga meiz congh". Caen dwg: "Ndawbiengz cien fanh yiengh, yienghyiengh doq haeuj fwen, fwenduenz baez haiguk, ukgyaeuj caemh haidoengh." Youq neix ndaej raen, fwenduenz neiyungz cibfaen fungfouq、yinhlwd cibfaen habdangq、yijyenz cibfaen gyaeundei、maezdaez cibfaen hamxhawz, minzcung angq ciengq angq dingq, bouxlaux son boux cinghnenz, saemqgonq daiq saemqlaeng, daihdaih doxcienz, daengznauq ciengq mbouj baih.

Vahbeij, dwg cungj vah guding yinzminz ginzcung goujdouz riuzcienz. Gij vah neix doengsug genjdanh,

dauhleix sinhgwz cinghcaij, neiyungz nanangq daengz sevei、swnghhoz、swyenz daengj fuengmienh, fanjyingj gij vunzsaeh sicingz cibfaen doucez. Lumjbaenz fanjyingj yinzlunz di "meiz meh ceiq ndei, meiz feiz ceiq raeuj", gijneix dwg gienq vunz raeuz, daxmeh dwg boux vunz veijda, de ciengx raeuz majhung baenz vunz, wnggai ndeindei hauqswnh gingqdaiq; youh lumjbaenz fanjyingj vunzsaeh di "miz ngoenz de boiz, miz ndoi de haem", gijneix dwg gienq vunz raeuz, guh yak lai cungj miz ngoenz ndeu ngaiz fad. Baenzbaenz, gij vahbeij canjswngh youq ndawbiengz, daj ciuhgonq daeuj couhdwg cungj vah goujdouz cinghmyau yijyanz ndeu yinzminz ginzcung ndiepgyaez haenx.

Bonj saw neix geiq miz swvuz bien haj bak seiqcib roek hot, faenzcih bien song bak hajcib hot.

Aenvih bonjfaenh suijbingz mizhanh, cihsiz vahcuengh roxnaj mbouj gaeuq, youq soucomz cingjleix gyangndaw itdingh miz mbangj deihfueng miz loengloek, maqmuengh bouxyawjsaw daezok dijbauj yigen. Vuenhyingz mbouj mbaet yinx cingq.

Banh Yunvanz

前　言

　　2010年5月，有幸得到广西民族出版社的约稿函，心中感到很高兴。历来爱好民族文化的我欣然展开了纸，提起了笔，集中精力投入到前所未有的"笔耕"工作。在"山重水复疑无路"的写作、收集、整理过程中，尽历艰辛，饱尝苦难，但不退却，仍然奋战。走屯奔岭，问老访贤，马不停蹄，人不歇气。"柳暗花明又一村"的景象终于出现。辛勤汗水浇灌的这朵民族文化小花，今天以崭新的面貌沐浴着春光，在自己的园地里尽情绽放。真是一分勤劳，一分收获；苦字来当头，乐心在其中。

　　谜语，是民间的产物。自古以来在平果一带广泛流传。因为它是用五言四句和押韵的格式编成的俚歌，所以人们也叫作"俚猜"或"俚罚"。人民群众喜闻乐见，也喜唱乐作，几乎达到有物皆成谜，有谜皆成俚的境界。有首俚曰："人间千万事，事事都入趣，几句话相合，合成首俚猜。"每首俚猜都含有一个至四个谜题。如含有一个谜题的俚猜"什么当得茶，茶不当得它，话讲不是扯，怕老人嘱你"；含有两个谜题的俚猜"什么看像水，下水总不沉；什么不是水，下水不见迹"；含有三个谜题的俚猜"你想到不到，什么皮自剥，什么皮包骨，什么骨包肉"；含有四个谜题的俚猜："哪样头有芯，哪样跕有牙，哪样股有眼，哪样脚有洞"。真是："人间千万样，样样都入俚，俚猜一开局，头脑也开动。"由此可见，俚猜内容丰富、韵律和谐、语言优美、谜底含蓄，民众喜唱乐听，老年教青年，前辈带后辈，代代相传，永唱不衰。

谚语，是人民群众口头流传的固定话语。其话语通俗简单，道理深刻精彩，内容涉及社会、生活、自然等方面，把人事、世情反映得十分透彻。如反映人伦的"有母且好，有火且暖"，这告诫人们，母亲是伟大的，她养育我们长大成人，应该好好孝顺敬待；又如反映人事的"有日其赔，有坡其埋"，这告诫人们，作恶多端的人总有一天被惩治。总之，产生于民间的谚语，自古以来是人民群众喜爱的口头精妙语言。

书中收录有事物篇546首，文字篇250首。

由于本人水平有限，壮语知识掌握不足，在搜集整理中定有不足和错误的地方，希望读者提出宝贵意见，欢迎不吝赐教。

潘润环

Moegloeg
目 录

It、Swvuz Bien ………………………………… (1)
一、事物篇
 （It）Doxgaiq Sawjyungh ……………………… (1)
 （一）器物
 （Ngeih）Doenghgo ……………………………… (45)
 （二）植物
 （Sam）Doenghduz ……………………………… (62)
 （三）动物
 （Seiq）Cungj Doenghyiengh …………………… (85)
 （四）物类
 （Haj）Siengq Doenghyiengh …………………… (96)
 （五）物象
 （Roek）Denhvwnz ……………………………… (98)
 （六）天文
 （Caet）Deihleix ………………………………… (111)
 （七）地理
 （Bet）Seizlingh ………………………………… (115)
 （八）时令
 （Gouj）Vunzsaeh ……………………………… (118)
 （九）人事
 （Cib）Yinzlunz ………………………………… (123)
 （十）人伦

1

(Cib'it) Hingzdij ……………………………… (124)

（十一）形体

(Cibngeih) Vunz Miz Mingz ……………… (132)

（十二）名人

(Cibsam) Yihsiz ……………………………… (134)

（十三）衣饰

(Cibseiq) Yinjsiz ……………………………… (136)

（十四）饮食

(Cibhaj) Faenzsaeh …………………………… (139)

（十五）文事

(Cibroek) Cwngqcwz ………………………… (142)

（十六）政策

(Cibcaet) Soqliengh …………………………… (145)

（十七）数量

(Cibbet) Fanghvei …………………………… (146)

（十八）方位

(Cibgouj) Nguxhengz ………………………… (148)

（十九）五行

(Ngeihcib) Gancei …………………………… (153)

（二十）干支

(Ngeihcib'it) Gizhiz ………………………… (160)

（二十一）其他

Ngeih、Faenzcih Bien ……………………… (161)

二、文字篇

It、Swvuz Bien
一、事物篇

(It) Doxgaiq sawjyungh
(一)器物

Cam：Gaiqmaz ndaej dang gyaep
问　什么得当笠
　　　Gyaep buj ndaej dang de
　　　笠不得当它
　　　Vah buj dwg gangjcej
　　　话不是吹牛
　　　Lau hawj meh mwngz naeuz
　　　怕被你妈说
Dap：Liengj goj ndaej dang gyaep
答　伞可当得笠
　　　Gyaep buj ndaej dang liengj
　　　笠当不得伞
　　　Bae cam vunz lajbiengz
　　　去问天下人
　　　Buj siengq dap doq doiq
　　　不想答都对
Cam：Gaiqmaz ndaej dang daeng
问　什么当得灯

Daeng buj ndaej dang de
灯当不得它
Vah buj dwg gangjcej
话不是扯淡
Lau haej yez mwngz naeuz
怕被你爷说

Dap： Bieng（ndwen）goj ndaej dang daeng
答 月可当得灯
Daeng buj ndaej dang bieng
灯不得当月
Doengzcaez youq lajbiengz
一起在天下
Siengq buj daengz caemh nanz
想不到也难

Cam： Gaiqmaz lumj goeng yah
问 什么像爷婆
Gak boux souj gak bya
各自守各山
Seizlawz buj doxra
何时不相找
Seizlawz daeuj doengzcaez
何时来一起

Dap： Fouq dou lumj goeng yah
答 门儿像爷婆
Gak boux souj gak bya
各自守各山
Gyangngoenz buj doxra
白日不相找

　　　　　Gyanghaemh daeuj doengzcaez
　　　　　晚上来一起
Cam： Goeng cix dwg singq faz
问　　爷且是姓铁
　　　　Yah cix dwg singq maex
　　　　婆且是姓木
　　　　Ruklaeng conh ok haex
　　　　背后冒出屎
　　　　Yienghlaez cingj mwngz duenz
　　　　哪样请你猜
Dap： Goeng cix dwg singq faz
答　　爷且是姓铁
　　　　Yah cix dwg singq maex
　　　　婆且是姓木
　　　　Dwg aen bauz bauz maex
　　　　是刨子刨木
　　　　Baenzlaez duenz doq dawz
　　　　怎么都猜着
Cam： Gaiqmaz caeq meiz ga
问　　什么再有足
　　　　Buj gvaq lawz saek seiz
　　　　哪都没去过
　　　　Gaiqmaz ga buj meiz
　　　　什么没有足
　　　　Bae cien leix fanh raez
　　　　去千万里长
Dap： Congz daengq caeq meiz ga
答　　桌凳再有足

 VAHSUG BOUXCUENGH GYOEBBAENZ · BIEN BINGZGOJ · FWENDUENZ
壮族俗语集成·平果篇·谜歌

　　　　Buj gvaq lawz saek seiz
　　　　哪都没去过
　　　　Aenruz ga buj meiz
　　　　船只没有足
　　　　Bae cien leix fanh raez
　　　　去千万里长
Cam：Gaiqmaz meiz bak ndang
问　　什么有身体嘴巴
　　　　Buj gangj youh buj cak
　　　　不讲话又不挣扎
　　　　Gaiqmaz fouz ndang bak
　　　　什么无身体嘴巴
　　　　Dauq cak hemqcazcaz
　　　　倒反挣扎喊喳喳
Dap：Buzsaz meiz bak ndang
答　　菩萨有身体嘴巴
　　　　Buj gangj youh buj cak
　　　　不讲话又不挣扎
　　　　Doengzlaz fouz ndang bak
　　　　铜锣无身体嘴巴
　　　　Dauq cak hemqcazcaz
　　　　倒反挣扎喊喳喳
Cam：Gaiqmaz youq nij raemx
问　　什么在水里
　　　　Baek gyaeujlengz guhcaemz
　　　　扎筋斗玩耍
　　　　Gaiqmaz youq gwnz raemx
　　　　什么在水上

4

    Caemh hwnj geij caengz laeuz
    也起几层楼
Dap：Duzbit youq nij raemx
答 鸭子在水里
    Baek gyaeujlengz guhcaemz
    扎筋斗玩耍
    Ruzfeiz youq gwnz raemx
    船火在上水
    Caemh hwnj geij caengz laeuz
    也起几层楼
Cam：Gaiqmaz bak de saem（soem）
问 什么它嘴尖
    Daemj dawz naiz cix riz
    碰着流口水
    Gaiqmaz bak de iq
    什么它嘴小
    Daemj dawz cix inlumz
    碰着且疼痛
Dap：Suijbit bak de saem（soem）
答 水笔嘴它尖
    Daemj dawz naiz cix riz
    碰着流口水
    Fakcim bak de iq
    针它嘴巴小
    Daemj dawz cix inlumz
    碰着且疼痛
Cam：Song diuz maex cukgau
问 两条竹木篙

　　　　Log vaizhau haeuj gamj
　　　　赶白牛入洞
　　　　Raeuz haibak sawqdamq
　　　　咱开口试探
　　　　Cam mwngz dwg yienghlawz
　　　　问你是哪样

Dap： Song diuz maex cukgau
　答　　两条竹木篙
　　　　Log vaizhau haeuj gamj
　　　　赶白牛入洞
　　　　Gaem doiq dawh gwn am
　　　　拿筷子吃饭
　　　　Mwngz cam gou cix naeuz
　　　　你问我且说

Cam： Cam mwngz dwg yienghlaez
　问　　问你是哪样
　　　　Cungj buj byaij raez vang
　　　　总不横竖走
　　　　Lumj muz haeux dauj yangz
　　　　像磨米倒杵
　　　　Byaij gvangjhwnz gvangjngoenz
　　　　走终夜终日

Dap： Gou gangj dwg aencung
　答　　我讲是钟表
　　　　Cungj buj byaij raez vang
　　　　总不横竖走
　　　　Lumj muz haeux dauj yangz
　　　　像磨米倒杵

一、Swvuz Bien
一、事物篇

        Byaij gvangjhwnz gvangjngoenz
        终夜终日走

Cam： Baez hai gaiqmaz geix
问　　一开什么机
        Baenq dwk yiengj buj dingz
        飞转响不停
        Fanh max caez cien bing
        万马和千兵
        Ringx roengz gumz nuenz caez
        滚下坑碎完

Dap： Baez hai nenjhaeuxgeix
答　　一开碾米机
        Ffeih baenq yiengj buj dingz
        飞转响不停
        Ganz haeux lumj maxbing
        那米像兵马
        Ringx roengz gumz nuenz caez
        滚下坑碎完

Cam： Sam beixnuengx bae haw
问　　三兄弟上街
        Boux laeh boux buj deiz（dawz）
        互相追不着
        Swnz saeyienz buj meiz
        现虽然没有
        Laengjleix heuh mwngz duenz
        尚还喊你猜

Dap： Sam beixnuengx bae haw
答　　三兄弟上街

Boux laeh boux buj deiz（dawz）
互相追不着

Duenz muz haeux cix deiz
猜磨米且对

Cingqheiq gangjnaeuz mwngz
正式告诉你

Cam： Song duz ngwz caemh congh
问　两条蛇同洞

Duz bongh hwnj bongh roengz
蹿上又蹿下

Caenz mwngz siengq buj doeng
若你想不通

Vaiq bae coengh cam meh
快去问母亲

Dap： Song duz ngwz caemh congh
答　两条蛇同洞

Duz bongh hwnj bongh roengz
蹿上又蹿下

Dap daem haeux buj loeng
答舂米没错

Buj yungh coengh cam meh
不用问母亲

Cam： Meiz ndoksej baihlaeng
问　脊背有肋骨

Buj meiz naeng caez noh
没有皮和肉

Caenz cam mwngz buj rox
若问你不知

        Ngaz daeuj doq fwenfaenz
        别来编歌文

Dap： Meiz ndoksej baihlaeng
答   脊背有肋骨
       Buj meiz naeng caez noh
       没有皮和肉
       Dwg aen baez gou rox
       我知是篦子
       Doq fwenfaenz dap mwngz
       编歌文答你

Cam： Aen maz song gyaeuj soem
问   什么两头尖
       Soem cungj siengq ndonj gyaz
       心总想穿丛
       Bongh gvaq swix gvaq gvaz
       蹿过左过右
       Daemj baenz maz raezrangh
       织成何长长

Dap： Aendaeuq song gyaeuj soem
答   梭子两头尖
       Soem cungj siengq ndonj gyaz
       心总想穿丛
       Bongh gvaq swix gvaq gvaz
       蹿过左过右
       Daemj baenz naj baengz rangh
       织成布匹长

Cam： Ndoksej youq ndingqgyang
问   肋骨在中间

Song bang meiz baihlaeng
脊背有两帮
Caenz mwngz siengq buj daengz
若你想不到
Daengq vunz bae cam meh
叫人去问妈

Dap： Ndoksej youq ndingqgyang
答　肋骨在中间
Song bang meiz baihlaeng
脊背有两帮
Maexfwz gou siengq daengz
箳子我想到
Laengj iq meh cix naeuz
小时听妈说

Cam： Cam mwngz dwg yienghlaez
问　问你是哪样
Dungx saej mwnz lumj goenh
肚肠像镯圆
Gwn rumz imq gvangjngoenz
整天吃风饱
Saet cien roen fanh loh
跑千衢万路

Dap： Naeuz mwngz dwg buj loek
答　说你不会错
Loekci mwnz lumj goenh
车轮像镯圆
Gwn rumz imq gvangjngoenz
吃风饱终日

　　　　Saet cien roen fanh loh
　　　　跑千山万路
Cam：Yienghmaz de lingh gak
问　　什么它另样
　　　　Meiz bak buj meiz dungx
　　　　有口没有肚
　　　　De gwn laux gwn hung
　　　　它大吃大喝
　　　　Cungj dwg buj ndaej caeng
　　　　总是容不下
Dap：Laeuhdouj de lingh gak
答　　漏斗它另样
　　　　Meiz bak buj meiz dungx
　　　　有口没有肚
　　　　De gwn laux gwn hung
　　　　它大吃大喝
　　　　Cungj dwg buj ndaej caeng
　　　　总是容不下
Cam：Mwngz duenz ok buj ok
问　　你猜出不出
　　　　Ndoksej lup naeng laz
　　　　肋骨蒙层皮
　　　　Caenz seiznit baez ma
　　　　若冬天一来
　　　　Cungj buj ra ok rog
　　　　总不找出来
Dap：Mbawbeiz gou duenz ok
答　　扇子我猜出

Ndoksej lup naeng laz
　　　肋骨蒙层皮
　　　Caenz seiznit baez ma
　　　若冬天一来
　　　Cungj buj ra ok rog
　　　总不找出来
Cam：Yienghlawz bak buj ceiq
问　　哪样口未制
　　　Dauq meiz heuj baenz roix
　　　倒有齿成串
　　　Yienghlawz ndang buj boiq
　　　哪样身未配
　　　Meiz doiq ga roengz namh
　　　有对足下地
Dap：Fakgawq bak buj ceiq
答　　锯子口未制
　　　Dauq meiz heuj baenz roix
　　　倒有齿成串
　　　Aenlae ndang buj boiq
　　　梯子身未配
　　　Meiz doiq ga roengz namh
　　　有对足下地
Cam：Momq naz gauh fwngz caemj
问　　两手押（一）块田
　　　Ndaem geij cib go'gyaj
　　　插几十棵秧
　　　Buj hung youh buj maj
　　　不大又不长

　　　　Dwg mazyiengh naeuz raeuz
　　　　是哪样告（诉）咱
Dap：Momq naz gauh fwngz caemj
答　　双手押（一）块田
　　　　Ndaem geij cib go'gyaj
　　　　插几十棵秧
　　　　Buj hung youh buj maj
　　　　不大又不长
　　　　Dwg ngazcat naeuz mwngz
　　　　告（诉）你是牙刷

Cam：Yienghlawz gaeuq lingh gak
问　　哪样够另样
　　　　Bak heuj de buj ceiq
　　　　没长有口齿
　　　　Meiz cien meih fanh meih
　　　　有千味万味
　　　　Cungj gvi de cimz daeuz
　　　　总归它先尝

Dap：Doiq dawh gaeuq lingh gak
答　　筷子够另样
　　　　Bak heuj de buj ceiq
　　　　没长有口齿
　　　　Meiz cien meih fanh meih
　　　　有千味万味
　　　　Cungj gvi de cimz daeuz
　　　　总归它先尝

Cam：Meiz bak fouz conghhoz
问　　有口无咽喉

Rox gwn buj rox ndwnj

   会吃不会咽

   De naengh dang yiz ndwn

   它坐当如站

   Swnz duenz mwngz cix hoiz

   现猜你且回

Dap：Meiz bak fouz conghhoz

 答 有口无咽喉

   Rox gwn buj rox ndwnj

   会吃不会咽

   De naengh dang yiz ndwn

   它坐当如站

   Swnz gangj duix naeuz mwngz

   现讲碗告（诉）你

Cam：Dwg aen maz lingh gak

 问 是什么另样

   Aenbak hung lumj dungx

   嘴巴如肚大

   Dwg maz geij beixnuengx

   什么几兄弟

   Hung iq comz raeuz naengh

   大小聚坐着

Dap：Dwg aenmaet lingh gak

 答 是斗它另样

   Aenbak hung lumj dungx

   嘴巴如肚大

   Gyaeujsuenq geij beixnuengx

   蒜头几兄弟

    Hung iq comz raeuz naengh
    大小聚坐着

Cam： Gaiqmaz meiz it ga
问 什么有一脚
    Naemj yoz ra vunz senj
    想动找人移
    Gaiqmaz meiz sam gen
    什么有三臂
    Gen yiu gen buj daengz
    臂够臂不到

Dap： Bungzciengq meiz it ga
答 帐棚有一脚
    Naemj yoz ra vunz senj
    想动找人移
    Muhrin meiz sam gen
    石磨有三臂
    Gen yiu gen buj daengz
    臂够臂不到

Cam： Yienghmaz de lingh gak
问 什么它另样
    Meiz bak buj meiz gyaeuj
    有口没有头
    Lumj cih caet gyaeuj ngaeu
    像7字头勾
    Aeu maex dok haeuj rwz
    要木镶入耳

Dap： Faggvak de lingh gak
答 锄头它另样

Meiz bak buj meiz gyaeuj
有口没有头
Lumj cih caet gyaeuj ngaeu
像7字头勾
Aeu maex dok haeuj rwz
要木镶入耳

Cam： Yienghmaz de lingh gak
问　什么它另样
Bak gungj ndang caemh gungj
嘴弯身也弯
De guh yienghmaz hong
它做什么工
Bak ndang gungj caengh baenz
身体弯才成

Dap： Fagliemz de lingh gak
答　镰刀它另样
Bak gungj ndang caemh gungj
嘴弯身也弯
Gvej aeu dwg de hong
割物是它工（作）
Bak ndang gungj caengh baenz
身体弯才成

Cam： Yienghmaz benj youh mbang
问　什么扁又薄
Aeu gang bae guh bak
要钢去做口
Yienghmaz de lingh gak
什么它另样

　　　　Bak aeu bwn bae guh
　　　　口要毛去做

Dap： Fagmid benj youh mbang
答　　刀子扁又薄
　　　　Aeu gang bae guh bak
　　　　要钢去做口
　　　　Mauzbit de lingh gak
　　　　毛笔它另样
　　　　Bak aeu bwn bae guh
　　　　口要毛去做

Cam： Meiz cien da fanh da
问　　有千眼万眼
　　　　Dada dwg seiq gok
　　　　眼眼是四角
　　　　Aenndang goenh gvaq rok（rog）
　　　　身子比外圆
　　　　Duenz buj ok caemh nanz
　　　　猜不出都难

Dap： Meiz cien da fanh da
答　　有千眼万眼
　　　　Dada dwg seiq gok
　　　　眼眼是四角
　　　　Aen ndang goenh gvaq rok（rog）
　　　　身子比外圆
　　　　Duenz ok raeng cib cingz
　　　　十成是螺纹

Cam： Yienghlawz goenh fouz bak
问　　哪样圆无口

Mid mbaek de cix naez
　　　　刀砍它且喊
　　　　Buj meiz de demh daej
　　　　没有它垫底
　　　　Lwg vunz ndaej gwn gauh
　　　　人得吃整个
Dap： Aenheng goenh fouz bak
答　　砧板圆无口
　　　　Mid mbaek de cix naez
　　　　刀砍它且喊
　　　　Buj meiz de demh daej
　　　　没有它垫底
　　　　Lwg vunz ndaej gwn gauh
　　　　人得吃整个
Cam： Yienghlawz de lingh gak
问　　哪样它另样
　　　　Bak lak buj meiz da
　　　　口宽没有眼
　　　　Rwzcongh buj meiz ga
　　　　耳洞没有足
　　　　Naengh lajnamh ngengq guiz
　　　　坐地下侧歪
Dap： Aencauq de lingh gak
答　　釜它很另样
　　　　Bak lak buj meiz da
　　　　口宽没有眼
　　　　Rwzcongh buj meiz ga
　　　　耳洞没有足

　　　　　Naengh lajnamh ngengq guiz
　　　　　坐地下侧歪
Cam：Yienghlawz de lingh gak
问　　哪样它另样
　　　　Bak lak ndang baenz faj
　　　　口宽身成块
　　　　Rwz dog byoengh daengz laj
　　　　独耳透到下
　　　　Aeu maex gaz haeuj congh
　　　　要木卡入洞
Dap：Fagcanj de lingh gak
答　　铲子它另样
　　　　Bak lak ndang baenz faj
　　　　口宽身成块
　　　　Rwz dog byoengh daengz laj
　　　　独耳透到下
　　　　Aeu maex gaz haeuj congh
　　　　要木卡入洞
Cam：Yienghlawz de lingh gak
问　　哪样它另样
　　　　Bak comz liuq haen daej
　　　　从口看见底
　　　　Youq laez meiz aenmbei
　　　　在哪有个胆
　　　　Haej（hawj）maz coemh buj cieg
　　　　什么烧不熔
Dap：Aengu de lingh gak
答　　锅头它另样

　　　　　Bak comz liuq haen daej
　　　　　从口看见底
　　　　　Laj daej meiz aenmbei
　　　　　底下有个胆
　　　　　Haej（hawj）feiz coemh buj cieg
　　　　　给火烧不熔
Cam：Mwngz duenz dwg yienghlaez
问　　你猜是哪样
　　　　　Ndaej ginghcangz mo naj
　　　　　经常得摸脸
　　　　　Mwngz duenz dwg yienghmaz
　　　　　你猜是什么
　　　　　Vied dangj da vied rongh
　　　　　越挡眼越亮
Dap：Gou duenz dwg ciengq gaen
答　　我猜是毛巾
　　　　　Caen ginghcangz mo naj
　　　　　真经常摸脸
　　　　　Gou duenz dwg giengqda
　　　　　我猜是眼镜
　　　　　Vied dangj da vied rongh
　　　　　越挡眼越亮
Cam：Yienghlawz gyaeuj meiz linx
问　　哪样头有芯
　　　　　Yienghlawz din meiz yaz
　　　　　哪样趾有牙
　　　　　Yienghlawz gumq meiz da
　　　　　哪样股有眼

　　　　Yienghlawz ga meiz congh
　　　　哪样足有洞
Dap：Bauqsa gyaeuj meiz linx
答　　纸炮头有芯
　　　　Duzdaek din meiz yaz
　　　　尺蠖趾有牙
　　　　Fagcim gumq meiz da
　　　　针臀部有眼
　　　　Congz daengq ga meiz congh
　　　　桌凳足有洞
Cam：Yienghlawz de lingh gak
问　　哪样它另样
　　　　Aenbak raez lumj ga
　　　　嘴巴像足长
　　　　Yienghlawz bak meiz yaz
　　　　哪样口有牙
　　　　Song ga raezranghrangh
　　　　两足长挺挺
Dap：Faggeuz de lingh gak
答　　剪刀它另样
　　　　Aenbak raez lumj ga
　　　　嘴巴像足长
　　　　Faggimz bak meiz yaz
　　　　钳子口有牙
　　　　Song ga raezranghrangh
　　　　两足长挺挺
Cam：Yienghlawz fouz dungx saej
问　　哪样无肚肠

Yij youq naex（ndaw）daixbaj
内里多言语
Yienghlawz fouz rwz da
哪样无耳眼
Gvaq lawz de yinxnaeuz
去哪它指示

Dap： Bonj saw fouz dungx saej
答　书本无肚肠
　　　Yij youq naex（ndaw）daixbaj
　　　内里多言语
　　　Lozbuenz fouz rwz da
　　　罗盘无耳眼
　　　Gvaq lawz de yinxnaeuz
　　　去哪它指示

Cam： Yienghlawz gou heux lwnz
问　哪样我绕一轮
　　　Mwngz cix gywnz bae yamq
　　　你蹭去一步
　　　Caeq hamj cibngeih gamx
　　　再跨十二槛
　　　De cix yamq haj guengz
　　　他且迈五桄

Dap： Miuxcim baez heux lwnz
答　秒针绕一轮
　　　Faencim gywnz bae yamq
　　　分针蹭一步
　　　Caeq hamj cibngeih gamx
　　　再跨十二槛

　　　　Seizcim yamq haj guengz
　　　　时针迈五桄
Cam：Yienghlawz bak baez boq
问　　哪样口一吹
　　　　Feizlamz coq okdaeuj
　　　　蓝火便出来
　　　　Yienghlawz fwngz baez ngaeu
　　　　哪样手一勾
　　　　Faenngaeux set ok rog
　　　　藕籽射出外
Dap：Yangjhanh bak baez boq
答　　氧焊口一吹
　　　　Feizlamz coq okdaeuj
　　　　蓝火便出来
　　　　Ci cungq fwngz baez ngaeu
　　　　枪支手一勾
　　　　Faenngaeux set ok rog
　　　　藕籽射出外
Cam：Yienghlawz de lingh gak
问　　哪样它另样
　　　　Gongz doengh bak caez doengh
　　　　錾动口也动
　　　　Yienghlawz de buj doengz
　　　　哪样它不同
　　　　Gumq roengz gyaeuj dauq gwnz
　　　　股（在）下头到上
Dap：Faggeuz de lingh gak
答　　剪刀它另样

Gongz doengh bak caez doengh
   鋟动口也动
   Daemdoiq de buj doengz
   舂碓它不同
   Gumq roengz gyaeuj dauq gwnz
   股（在）下头到上
Cam：Yienghlawz caem roengz raemx
 问 哪样沉下水
   Bak saem cienq dauq gwnz
   尖嘴面向上
   Yienghlawz fouz youq gwnz
   哪样浮在上
   Laj gwn de cix doengh
   下（面）吃它且动
Dap：Baksep caem roengz raemx
 答 鱼钩沉下水
   Bak saem cienq dauq gwnz
   尖嘴面向上
   Lwggyaek fouz youq gwnz
   浮子浮在上
   Laj gwn de cix doengh
   下（面）吃它且动
Cam：Yienghlawz guh leu saeh
 问 哪样做完事
   Cungj bae ing goxdou
   总去倚门角
   Yienghlawz ce gag youq
   哪样自放着

　　　　Nuknou gvi bae coq
　　　　垃圾奔向它
Dap： Sauqbaet guh leu saeh
答　　扫帚做完事
　　　　Cungj bae ing goxdou
　　　　总去倚门角
　　　　Lahgizdoengj gag youq
　　　　垃圾桶放着
　　　　Nuknou gvi bae coq
　　　　垃圾奔向它
Cam： Yienghlawz najnaeng na
问　　哪样脸皮厚
　　　　Hoenx gvaq bi buj boengq
　　　　打一年不穿
　　　　Yienghlawz satlaeng goeng
　　　　哪样后崛起
　　　　Hwnj roengz buj rukriengz
　　　　上下不摇撼
Dap： Aen'gyong najnaeng na
答　　鼓儿脸皮厚
　　　　Hoenx gvaq bi buj boengq
　　　　打一年不穿
　　　　Daihgiuz satlaeng goeng
　　　　大桥后崛起
　　　　Hwnj roengz buj rukriengz
　　　　上下不摇撼
Cam： Yienghlawz naeng laz ndok
问　　哪样皮包骨

Okdou gyae cix ra
  出远门且找
  Baez hai buj swz va
  打开不似花
  Gaem ga deiz bae riengz
  抓足随身带

Dap： Aenliengj naeng laz ndok
答　　雨伞皮包骨
  Okdou gyae cix ra
  出远门且找
  Baez hai buj swz va
  打开不似花
  Gaem ga dawz bae riengz
  抓足随身带

Cam： Yienghlawz raez cik lai
问　　哪样长一尺多
  Geij baiz heuj dauq rok
  外有几排齿
  Doenghyiengh bak baez dok
  东西擦到那
  Cungj okdaeuj baenz diuz
  总成条出来

Dap： Aenrou raez cik lai
答　　礤床儿一尺多
  Geij baiz heuj dauq rok
  外有几排齿
  Doenghyiengh bak baez dok
  东西擦到那

　　　　Cungj okdaeuj baenz diuz
　　　　总成条出来
Cam：Yienghlawz de gak lingh
问　　哪样它另样
　　　　Fouz dingj youh fouz daej
　　　　无顶又无底
　　　　Roengz raemx dwk bya ndaej
　　　　下水打得鱼
　　　　Hwnj mboek gyaeng gaeq baenz
　　　　上岸圈鸡成
Dap：Aencamj de gak lingh
答　　罩儿它另样
　　　　Fouz dingj youh fouz daej
　　　　无顶又无底
　　　　Roengz raemx dwk bya ndaej
　　　　下水打得鱼
　　　　Hwnj mboek gyaeng gaeq baenz
　　　　上岸圈鸡成
Cam：Yienghlawz lumj ci iq
问　　哪样像小车
　　　　Loek cix nij dungx cang
　　　　轮且装于肚
　　　　Cag nengh raez nengh vang
　　　　绳拉竖拉横
　　　　Cungj buj gangj meiz goz
　　　　总没有弯曲
Dap：Maegdaeuj lumj ci iq
答　　墨斗像小车

　　　　Loek cix nij dungx cang
　　　　轮且装于肚
　　　　Cag nengh raez nengh vang
　　　　绳拉竖拉横
　　　　Cungj buj gangj meiz goz
　　　　总没有弯曲
Cam：Ngwzhau youq nij raengz
问　　白蛇在于渊
　　　　Laep daengz de cix rongh
　　　　天黑它且亮
　　　　Raemx mboek mingh dai ngongz
　　　　水涸命枯死
　　　　Mwngz hongz dwg yienghlawz
　　　　你说是哪样
Dap：Ngwzhau youq nij raengz
答　　白蛇在于渊
　　　　Laep daengz de cix rongh
　　　　天黑它且亮
　　　　Raemx mboek mingh dai ngongz
　　　　水涸命枯死
　　　　Gou hongz dwg daeng'youz
　　　　我说是油灯
Cam：Yienghlawz daenj buhhoengz
问　　哪样穿红衣
　　　　Mumh raez roengz caeggumq
　　　　须长到屁股
　　　　Hwnzngoenz bidumjdumj
　　　　日夜摆簌簌

一、事物篇

    Lumj swz daeuj yingz vunz
    像是来迎人
Dap：Daengloengz daenj buhhoengz
答 灯笼穿红衣
    Mumh raez roengz caeggumq
    须长到屁股
    Hwnzngoenz bidumjdumj
    日夜摆簌簌
    Lumj swz daeuj yingz vunz
    像是来迎人
Cam：Vunz caeq langh bae gyae
问 人（游）荡去再远
    Cungj daeq daengz henz gangj
    总走到旁（边）讲
    De bonjsaeh caen sang
    它本事真高
    Dwg yienghlawz gangjnaeuz
    说的是哪样
Dap：Vunz caeq langh bae gyae
答 人（游）荡去再远
    Cungj daeq daengz henz gangj
    总走到旁（边）讲
    De bonjsaeh caen sang
    它本事真高
    Gou gangj dwg dienhvah
    我讲是电话
Cam：Gou cam mwngz cix naeuz
问 我问你且说

  Aeu maz daeuj guh cingq
  要何来做正
  Ra maz daeuj guh bingz
  找何来做平
  Cingj maz daeuj guh soh
  请何来做直

Dap：Mwngz cam gou cix naeuz
答 你问我且说
  Aeu diuq sienq guh cingq
  要吊线做正
  Ra suijbingz guh bingz
  找水平做平
  Cingj maegdaeuj guh soh
  请墨斗做直

Cam：Yienghlawz de lingh gak
问 哪样它另样
  Meiz bak youh meiz gyaeuj
  有口又有头
  Bak buj dam noh haeux
  口不贪肉饭
  Gyaeuj fouz naj da rwz
  头无脸眼耳

Dap：Yiengh dawh de lingh gak
答 筷子它另样
  Meiz bak youh meiz gyaeuj
  有口又有头
  Bak buj dam noh haeux
  口不贪肉饭

　　　　Gyaeuj fouz naj da rwz
　　　　头无脸眼耳
Cam：Meiz cien yiengh fanh yiengh
问　　有千样万样
　　　Yienghlawz caen gak lingh
　　　哪样真另样
　　　Caenz de daengz gyaeujdingj
　　　若它到头顶
　　　Cingqmingz nit fwn daengz
　　　证明呃雨到
Dap：Meiz cien yiengh fanh yiengh
答　　有千样万样
　　　Yiengh gyaep caen gak lingh
　　　斗笠真另样
　　　Caenz de daengz gyaeujdingj
　　　若它到头顶
　　　Cingqmingz nit fwn daengz
　　　证明呃雨到
Cam：Yienghlawz de lingh gak
问　　哪样它另样
　　　Meiz bak youh meiz rieng
　　　有口又有尾
　　　Rieng nuiq buj rox cak
　　　尾翘不会挣扎
　　　Bak ndang lumj aenruz
　　　身体像只船
Dap：Siekgeng de lingh gak
答　　匙羹它另样

  Meiz bak youh meiz rieng
  有口又有尾
  Rieng nuiq buj rox cak
  尾翘不会挣扎
  Bak ndang lumj aenruz
  身体像只船
Cam：Yienghlawz de lingh gak
问 哪样它另样
  Bak aj ga cix hup
  口开足且合
  Bak hup ga cix hai
  口合足且开
  Buj rox hoiz caemh nanz
  不会答也难
Dap：Fagnep de lingh gak
答 夹子它另样
  Bak aj ga cix hup
  口开足且合
  Bak hup ga cix hai
  口合足且开
  Boux rox hoiz caemh ngaih
  人会答也易
Cam：Yienghlawz vang gvaq laj
问 哪样横在下
  Haeujok ngaiz hamj gvaq
  进出挨跨过
  Yienghlawz cap seiq ga
  哪样扎四脚

　　　　Vunz ma de ciudaih
　　　　人来它招待

Dap： Giemxdou vang gvaq laj
答　　门槛横在下
　　　　Haeujok ngaiz hamj gvaq
　　　　进出挨跨过
　　　　Aendaengq cap seiq ga
　　　　凳子扎四脚
　　　　Vunz ma de ciudaih
　　　　人来它招待

Cam： Yienghlawz de lingh gak
问　　哪样它另样
　　　　Aen bak seiq aen rwz
　　　　一口四只耳
　　　　Song rwz dap aen soij
　　　　两耳搭个环
　　　　Daj doiq ram hwnj roengz
　　　　打对抬上下

Dap： Aengu de lingh gak
答　　锅头它另样
　　　　Aen bak seiq aen rwz
　　　　一口四只耳
　　　　Song rwz dap aen soij
　　　　两耳搭个环
　　　　Daj doiq ram hwnj roengz
　　　　打对抬上下

Cam： Dwg maz vunz doxlaeh
问　　是何人相追

Veiz bae sing aen mak
为去争个果
Ndaej buj gwn haeuj bak
不得吃入口
Vak dauq vit roengz lamz
踅回丢下篮

Dap： Dwg giuzyenz doxlaeh
答　是球员相追
Bae sing giuz lumj mak
争的球像果
Ndaej buj gwn haeuj bak
不得吃入口
Vak dauq vit roengz lamz
踅回丢下篮

Cam： Yienghlawz lumj maex daengj
问　哪样像树竖
Daengz bak bi buj bienq
一百年不变
Yienghlawz lumj gimzsienq
哪样像琴线
Fuengbienh soengq yinzminz
方便送人民

Dap： Dienhganj lumj maex daengj
答　电杆像树竖
Daengz bak bi buj bienq
一百年不变
Dienhsienq lumj gimzsienq
电线像琴线

　　　　　Fuengbienh soengq yinzminz
　　　　　方便送人民
Cam： Yienghlawz de lingh gak
问　　哪样它另样
　　　　　Bak aj ga caez aj
　　　　　口开脚也开
　　　　　Bak hup ga caez hup
　　　　　口闭脚也闭
　　　　　Duenz buj lup caemh nanz
　　　　　猜不及也难
Dap： Faggeuz de lingh gak
答　　剪刀它另样
　　　　　Bak aj ga caez aj
　　　　　口开脚也开
　　　　　Bak hup ga caez hup
　　　　　口闭脚也闭
　　　　　Aeu duenz lup caengh baenz
　　　　　要猜及才成
Cam： Mwngz aeu maz daeuj naeuz
问　　你要何来说
　　　　　Vah haeuj rwz cazcaz
　　　　　话入耳喳喳
　　　　　Mwngz doiq maz gangjvah
　　　　　你对何讲话
　　　　　Geiq buj ca saek coenz
　　　　　记不差一句
Dap： Gou aeu dienhvah naeuz
答　　我要电话说

Vah haeuj rwz cazcaz
话入耳喳喳
Doiq loegyaem gangjvah
对录音(机)讲话
Geiq buj ca saek coenz
记不差一句

Cam： Yienghmaz hai okdaeuj
问　什么开出来
　　　Neix de naeuz raeuz caen
　　　它告诉咱真
　　　Raeuz liuq de cix haen
　　　我看得见它
　　　De liuq buj haen raeuz
　　　它看不见咱

Dap： Denciq hai okdaeuj
答　电视开出来
　　　Neix de naeuz raeuz caen
　　　它告诉咱真
　　　Raeuz liuq de cix haen
　　　咱看得见它
　　　De liuq buj haen raeuz
　　　它看不见咱

Cam： Yienghlawz liuh ceiq gyae
问　哪样遨最远
　　　Yienghlawz langh ceiq gvangq
　　　哪样(游)荡最广
　　　Yienghlawz mbin ceiq sang
　　　哪样飞最高

It、Swvuz Bien
一、事物篇

    Mwngz rox cix gangjnaeuz
    你知道且讲
Dap： Gij rumz liuh ceiq gyae
答 风遨游最远
    Gij fwj langh ceiq gvangq
    云游荡最广
    Feihconz mbin ceiq sang
    飞船飞最高
    Gou rox gangjnaeuz mwngz
    我知告诉你
Cam： Yienghlawz de dingjai
问 哪样它仰躺
    Gyaeuj byai meiz dumjdu
    头尾有疙瘩
    Dingj gvaq cien fanh huq
    挑过千万物
    Enjaek buj rox gyaiz
    腆胸不知累
Dap： Maexhanz de dingjai
答 扁担它仰躺
    Gyaeuj byai meiz dumjdux
    头尾有疙瘩
    Dingj gvaq cien fanh huq
    挑过千万物
    Enjaek buj rox gyaiz
    腆胸不知累
Cam： Yienghlawz ndang lumj moengq
问 哪样身像管（子）

Nyaenx roengz heiq cix ok
    压下气且出
    Yienghlawz dungx gwn gyok
    哪样肚被箍
    Vied dok youz vied riz
    越榨油越流
Dap：Heiqdoengz ndang lumj moengq
 答 气筒身像管（子）
    Nyaenx roengz heiq cix ok
    压下气且出
    Aencaq dungx gwn gyok
    榨油（机）肚被箍
    Vied dok youz vied riz
    越榨油越流
Cam：Yienghlawz meiz geij mbaw
 问 哪样有几叶
    Mbawmbaw hung doxdoengz
    叶叶相同大
    Buj yungh daengz seizdoeng
    到冬季不用
    De doengh daengz seizyah
    到夏季它动
Dap：Funghcenq meiz geij mbaw
 答 风扇有几叶
    Mbawmbaw hung doxdoengz
    叶叶相同大
    Buj yungh daengz seizdoeng
    到冬季不用

　　　　De doengh daengz seizyah
　　　　到夏季它动
Cam：Yienghlawz song gyaeuj saem
问　　哪样两头尖
　　　　Caeq iq caemh bonjsaeh
　　　　再小也厉害
　　　　Doenghyiengh gaz youq laez
　　　　东西卡在哪
　　　　De ndaej yaek ok caez
　　　　它全掏得出
Dap：Yazcien song gyaeuj saem
答　　牙签两头尖
　　　　Caeq iq caemh bonjsaeh
　　　　再小也本事
　　　　Doenghyiengh gaz heuj naex
　　　　东西卡齿内
　　　　De ndaej yaek ok caez
　　　　它全掏得出
Cam：Aen maz da yaep haen
问　　什么眼一闪
　　　　Yienghsiengq baenz lumj caez
　　　　样子全成像
　　　　Caeq noix geq ndei yaez
　　　　再少老好坏
　　　　Haej mwngz liuq gvaq ciuz
　　　　给你看一世
Dap：Sienggih da yaep haen
答　　相机眼一闪

Yienghsiengq baenz lumj caez
样子全成像

Caeq noix geq ndei yaez
再少老好坏

Haej raeuz liuq gvaq ciuz
给咱看一世

Cam： Aeu maz liuq doxhaen
问　要何相看见

Cienz saen lumj caezcienz
全身全都像

It dij doq buj bienq
一点都不变

Mwngz dien cix naeuz gou
你知且告（诉）咱

Dap： Aeu giengq liuq doxhaen
答　要镜相看见

Cienz saen lumj caezcienz
全身全都像

It dij doq buj bienq
一点都不变

Gou dien cix naeuz mwngz
我知且告（诉）你

Cam： Yienghlawz aengyaeuj ndaem
问　哪样头部黑

Ndang raez baemx（byoem）buj meiz
身长无头发

Caez gaiqmaz doxgyeiz
与什么相蹭

　　　　　Yaepseiz bienq baenz daeuh
　　　　　俄而变成灰
Dap：Feizfwnz aen gyaeuj ndaem
答　　火柴头部黑
　　　　　Ndang raez baemx（byoem）buj meiz
　　　　　身长没有发
　　　　　De caez lingz doxgyeiz
　　　　　它与磷相蹭
　　　　　Yaepseiz bienq baenz daeuh
　　　　　俄而变成灰
Cam：Yienghlawz haeuj feiz unq
问　　哪样入火软
　　　　　Ok feiz unq bienq genq
　　　　　出火软变硬
　　　　　Yienghlawz haeuj feiz genq
　　　　　哪样入火硬
　　　　　Ok feiz genq bienq nuenz
　　　　　出火硬变碎
Dap：Cienseng haeuj feiz unq
答　　生砖入火软
　　　　　Ok feiz unq bienq genq
　　　　　出火软变硬
　　　　　Gij rin haeuj feiz genq
　　　　　石头入火硬
　　　　　Ok feiz genq bienq nuenz
　　　　　出火硬变碎
Cam：Yienghlawz bak buj ceiq
问　　哪样没有口

Meiz vunz ra rox bauq
　　　　人找会报信
　　　　Yienghlawz gyaeuj buj cauh
　　　　哪样没有头
　　　　Meiz naujgaen lumj vunz
　　　　像人有脑筋
Dap： Soujgih bak buj ceiq
答　　手机没有口
　　　　Meiz vunz ra rox bauq
　　　　人找会报信
　　　　Denznauj gyaeuj buj cauh
　　　　电脑没有头
　　　　Meiz naujgaen lumj vunz
　　　　像人有脑筋
Cam： Yienghlawz de iq saeq
问　　哪样它细小
　　　　Ciuh laez vunz doq ra
　　　　哪代人都找
　　　　Daenj cuengz buh cuengz vaq
　　　　穿一件衣裤
　　　　Buj ra de buj baenz
　　　　不找它不成
Dap： Aengaet de iq saeq
答　　扣子它细小
　　　　Ciuh laez vunz doq ra
　　　　哪代人都找
　　　　Daenj cuengz buh cuengz vaq
　　　　穿一件衣裤

一、事物篇

> Buj ra de buj baenz
> 不找它不成

Cam： Song yienghlawz bauj lai
问　　哪两样宝贵

> Ciuh dem daiz doq ceiq
> 每代都置办

> Caenz yinzgenh buj meiz
> 若人间没有

> Lajdeih vunz gyuem baengz
> 天下人披布

Dap： Cim caez maex bauj lai
答　　针和线宝贵

> Ciuh dem daiz doq ceiq
> 每代都置办

> Caenz yinzgenh buj meiz
> 若人间没有

> Lajdeih vunz gyuem baengz
> 天下人披布

Cam： Yienghlawz caen rox cang
问　　哪样真会装

> Ndang faen baenz song boux
> 身分成两个

> Meiz boux cingq bou fouq
> 有一正一负

> Song boux buj doxfamh
> 两个不相犯

Dap： Denbingz caen rox cang
答　　电瓶真会装

Ndang faen baenz song boux
身分成两个
Meiz boux cingq boux fouq
有一正一负
Song boux buj doxfamh
两个不相犯

Cam： Yienghlawz gaeuq geizheih
问　哪样够奇异
Meiz hoj youh meiz lingz
有火又有零
Gvaq lawz doq doxbingz
去哪都相平
Cingq buj ndaej dimj dawz
正不得相碰

Dap： Dienhsienq gaeuq geizheih
答　电线够奇异
Meiz hoj youh meiz lingz
有火又有零
Gvaq lawz doq doxbingz
去哪都相平
Cingq buj ndaej dimj dawz
正不得相碰

Cam： Yienghlawz nuenz lumj max
问　哪样碎如碎米
　　　Heux raemxva cix hoi（hai）
　　　搅水花且绽开
　　　Yienghlawz lumj luen'gyoij
　　　哪样像芭蕉芯

   Hoi dienh cix haucak
   开电且白熠熠
Dap：Sijifwnj lumj max
答 洗衣粉像碎米
   Heux raemxva cix hoi（hai）
   搅水花且绽开
   Dendiuz lumj luen'gyoij
   电条像芭蕉芯
   Hoi denh cix haucak
   开电且白熠熠

（Ngeih） Doenghgo
（二）植物

Cam：Gaiqmaz ndaej dang caz
问 什么当得茶
   Caz buj ndaej dang de
   茶不当得它
   Vah buj dwg gangjceq
   不是在扯淡
   Lau bouxgeq naeuz mwngz
   怕老人说你
Dap：Laeuj goj ndaej dang caz
答 酒可当得茶
   Caz buj ndaej dang laeuj
   茶不当得酒
   Ciuhgonq daengz swnz daeuj
   前代到现在

    Doq dwg naeuz yienghneix
    都是这样说
Cam：Go lawz de laengj daemq
 问 哪棵它还矮
    Bak saem buj rox gangj
    嘴尖不会讲
    Go lawz de caeq sang
    哪棵它再高
    Gyaeuj gub ngangj doxroengz
    头垂然往下
Dap：Gorangz de laengj daemq
 答 竹笋它还矮
    Bak saem buj rox gangj
    嘴尖不会讲
    Gocuk de caeq sang
    竹子它再高
    Gyaeuj gub ngangj doxroengz
    头往下低垂
Cam：Gaiqmaz youq nij raemx
 问 什么在水里
    Daemx liengj gang duzbya
    给鱼儿撑伞
    Gaiqmaz youq nij naz
    什么在田里
    Ngaemj gyaeuj caj vunz heh
    低头待人割
Dap：Go'ngaeux youq nij raemx
 答 莲藕在水里

Daemx liengj gang duzbya

给鱼儿撑伞

Gohaeux youq nij naz

稻谷在田里

Ngaemj gyaeuj caj vunz heh

低头待人割

Cam: Gaiqmaz baez baenz aen

问　什么一结果

Aenndang gyuem gitbya

全身披鱼鳞

Gaiqmaz baez hai va

什么一开花

Aennaj lumj aenbanz

脸庞像盘子

Dap: Gobohloz baenz aen

答　菠萝一结果

Aenndang gyuem gitbya

全身披鳞鱼

Go'gveiz baez hai va

葵花一开花

Aen naj lumj aenbanz

脸庞像盘子

Cam: Gou cam mwngz go maz

问　我问你何物

Va hai buj haen maex（mbaw）

花开不见叶

Va de loenqlaek caez

它的花谢完

    Maex（mbaw）caengh hwnj daengz rog

    叶才长出来

Dap：Dwg godauz buj ca

答 是桃树没错

    Va hai buj haen maex（mbaw）

    花开不见叶

    Va de loenqlaek caez

    它的花谢完

    Maex（mbaw）caengh hwnj daengz rog

    叶才长出来

Cam：Go maex lawz lingh gak

问 哪棵树另样

    Baenz mak caengh hai va

    结果才开花

    Va loenq caeq baenz mak

    花谢再结果

    Mak caeq hai vabeg

    果再开白花

Dap：Dwg goreux lingh gak

答 木棉树另样

    Baenz mak caengh hai va

    结果才开花

    Va loenq caeq baenz mak

    花谢再结果

    Mak caeq hai vabeg

    果再开白花

Cam：Youq nij gwnz hai va

问 在上面开花

　　　　Youq lajnamh baenz mak
　　　　在地下结果
　　　　Go neix dwg lingh gak
　　　　这棵是另样
　　　　Dak mwngz duenz buj dawz
　　　　量你猜不着
Dap：Youq nij gwnz hai va
答　　在上面开花
　　　　Youq lajnamh baenz mak
　　　　在地下结果
　　　　Goduhnamh lingh gak
　　　　花生它另样
　　　　Hai bak cix duenz dawz
　　　　开口就猜着
Cam：Hai va youq gwnz daengz
问　　开花在上面
　　　　Caengh ndaej sanq bae gvangq
　　　　才散得去广
　　　　Baenz faen byonghgyang ndang
　　　　结籽中腰处
　　　　Mwngz gangj dwg go lawz
　　　　你讲是哪棵
Dap：Hai va youq gwnz daengz
答　　开花在上面
　　　　Caengh ndaej sanq bae gvangq
　　　　才散得去广
　　　　Baenz faen byonghgyang ndang
　　　　结籽中腰处

```
         Gangj haeuxdaeq cix dawz
         讲玉米且对
Cam： Go maz mak baez baenz
问       什么一结果
         Got caenmeh buj ce
         抱生母不舍
         Go maz liemz baez gvej
         什么镰一割
         Baenqbeq caeq daengz gwnz
         转折再长上
Dap： Moeggva mak baez baenz
答       木瓜一结果
         Got caenmeh buj ce
         抱生母不舍
         Coenggep liemz baez gvej
         韭菜镰一割
         Baenqbeq caeq daengz gwnz
         转折再长上
Cam： Gaiqmaz goek daengz byai
问       什么根到末
         Vied daengz byai vied geq
         越到末越老
         Gaiqmaz unq daengz geq
         什么嫩到老
         Vied daengz geq vied diemz
         越到老越甜
Dap： Boux vunz goek daengz byai
答       人类根到末
```

Vied daengz byai vied geq
越到末越老
Gooiq unq daengz geq
甘蔗嫩到老
Vied daengz geq vied diemz
越到老越甜

Cam：Go gaiqmaz hai va
问　什么它开花
　　Dada sang gvaq da
　　一节比一节高
　　Go gaiqmaz baenz gva
　　什么它结瓜
　　Got yahgeq buj liz
　　抱老母不离

Dap：Golwgraz hai va
答　芝麻它开花
　　Dada sang gvaq da
　　一节比一节高
　　Gomoeggva baenz gva
　　木瓜树结瓜
　　Got yahgeq buj liz
　　抱老母不离

Cam：Go lawz ciengzseiz haen
问　什么时常见
　　Baenz lwg beij meh sang
　　子比母高大
　　Go lawz ciengzseiz yangz
　　什么时常遇

```
         Baenz faen sang gvaq meh
         结籽比母高
Dap：   Gobeiz ciengzseiz haen
 答     竹子时常见
```

```
         Baenz lwg beij meh sang
         子比母高大
         Gosuk（Megmax）ciengzseiz yangz
         高粱时常遇
         Baenz faen sang gvaq meh
         结籽比母高
Cam：   Go maz mak baez baenz
 问     什么一结果
         Aenroi mben youq naex
         包梳子在内
         Go maz va hai caez
         什么花开完
         Buj haen maex（mbaw）daengz rog
         不见叶长出
Dap：   Gobug mak baez baenz
 答     柚子一结果
         Aenroi mben youq naex
         包梳子在内
         Goreux va hai caez
         木棉花开完
         Buj haen maex（mbaw）daengz rog
         不见叶长出
Cam：   Meiz cien yiengh fanh yiengh
 问     有千样万样
```

It、Swvuz Bien
一、事物篇

    Yienghlawz buj meiz ngaeuz
    哪样没有影
    Meiz cien gyaeuj fanh gyaeuj
    有千头万头
    Gyaeuj lawz seng nij namh
    哪头生于土
Dap：Meiz cien yiengh fanh yiengh
答 有千样万样
    Yiengh rumz buj meiz ngaeuz
    风儿没有影
    Meiz cien gyaeuj fanh gyaeuj
    有千头万头
    Gyaeujsuenq seng nij namh
    蒜头生于土
Cam：Gaiqmaz youq nij suen
问 什么在园里
    Naenghbuenz cu roengz namh
    盘跌坐下土
    Gaiqmaz youq nij gamj
    什么在于岩
    Gwnz laj dem doxcoq
    上下接相趋
Dap：Aengva youq nij suen
答 瓜果在园里
    Naenghbuenz cu roengz namh
    盘跌坐下土
    Yakyoi youq nij gamj
    钟乳在于岩

　　　　　Gwnz laj dem doxcoq
　　　　　上下接相趋
Cam： Meiz cien gaeu fanh gaeu
问　　 有千藤万藤
　　　　　Gaeu maz ndaem gwn ndaej
　　　　　种何藤得吃
　　　　　Meiz cien maex fanh maex
　　　　　有千木万木
　　　　　Maex maz aeu buj daengz
　　　　　何木要不到
Dap： Meiz cien gaeu fanh gaeu
答　　 有千藤万藤
　　　　　Gaeusawz ndaem gwn ndaej
　　　　　种薯藤得吃
　　　　　Meiz cien maex fanh maex
　　　　　有千木万木
　　　　　Maexsing aeu buj daengz
　　　　　木星要不到
Cam： Dwg gaiqmaz hai va
问　　 是什么开花
　　　　　Vied hai naj vied gvangq
　　　　　越开脸越宽
　　　　　Dwg gaiqmaz swiq ndang
　　　　　是什么洗身
　　　　　Vied swiq ndang vied hed
　　　　　越洗身越损
Dap： Dwg go'gveiz hai va
答　　 是葵花开花

一、事物篇

      Vied hai naj vied gvangq
      越开脸越宽
      Dwg aenyienh swiq ndang
      是砚台洗身
      Vied swiq ndang vied hed
      越洗身越损

Cam：Gaiqmaz mbaw ceiq hung
问 什么叶最大
      Gaiqmaz dungx ceiq raez
      什么肚最长
      Gaiqmaz va ceiq maeq
      什么花最粉
      Gaiqmaz haex ceiq goenh
      什么屎最圆

Dap：Go'gyoij mbaw ceiq hung
答 芭蕉叶最大
      Duzngwz dungx ceiq raez
      蛇肚子最长
      Godauz va ceiq maeq
      桃花色最粉
      Yiengz doq haex ceiq goenh
      羊兔屎最圆

Cam：Go maz meih ceiq haemz
问 什么味最苦
      Yienghmaz raemx ceiq sae（saw）
      什么水最清
      Go maz haz ceiq raez
      什么草最长

Duz maz haex ceiq luemj
什么屎最光（滑）

Dap： Vangzlenz meih ceiq haemz
答 黄连味最苦

Gvangqmoqraemx ceiq sae（saw）
矿泉水最清

Go hazbiz ceiq raez
龙须草最长

Duzmax haex ceiq luemj
马屎最光滑

Cam： Go maz did nouj raez
问 什么生始长

Gyet baez de gyet goenh
渐次它渐圆

Aen maz hwnjdaeuj goenh
什么起来圆

Gyet ngoenz de gyet veuq
渐日它渐缺

Dap： Go'ngaeux did nouj raez
答 莲藕生始长

Gyet baez de gyet goenh
它逐渐变圆

Ronghndwen hwnj daeuj goenh
月亮起来圆

Gyet ngoenz de gyet veuq
它逐渐变缺

Cam： Gaiqmaz lumj aenliengj
问 什么像把伞

　　　　Siengq aeu gang buj ndaej
　　　　想要撑不得
　　　　Gaiqmaz lumj mehgaeq
　　　　什么像母鸡
　　　　Gaep bae gaj buj baenz
　　　　抓去杀不成
Dap： Raetraeuz lumj aenliengj
答　　蘑菇像把伞
　　　　Siengq aeu gang buj ndaej
　　　　想要撑不得
　　　　Lauxgi lumj mehgaeq
　　　　老妓像母鸡
　　　　Gaep bae gaj buj baenz
　　　　抓去杀不成
Cam： Vied geq byuk vied noix
问　　越老皮越少
　　　　Vied oiq byuk vied lai
　　　　越嫩皮越多
　　　　Dwg yienghlawz ni gvai
　　　　你猜是哪样
　　　　Cingj vaiqvaiq naeuz gou
　　　　请快告诉咱
Dap： Vied geq gyup vied noix
答　　越老皮越少
　　　　Vied oiq gyup vied lai
　　　　越嫩皮越多
　　　　Cuk caez rangz ni gvai
　　　　是竹和笋呢

Gou vaiqvaiq naeuz mwngz
我快告诉你

Cam： Yienghlawz seng nij raemx
问　　哪样生于水

Meiz congh raemx buj haeuj
有孔水不入

Yienghlawz seng gyang haeux
哪样生稻间

Meiz bak haeux buj ngah
有嘴不馋稻

Dap： Go'ngaeux seng nij raemx
答　　莲藕生于水

Meiz congh raemx buj haeuj
有孔水不入

Duzgaep seng gyang haeux
青蛙生稻间

Meiz bak haeux buj ngah
有嘴不馋稻

Cam： Go lawz de lingh gak
问　　什么它另样

Cing rak（rag）bae louzlak
牵根去流浪

Go lawz buj meiz rak（rag）
什么没有根

De dauq ak youq gwnz
倒强在土上

Dap： Gobiuz de lingh gak
答　　浮萍它另样

　　　　Cing rak（rag）bae louzlak
　　　　牵根去流浪
　　　　Fouz goek gaeu fouz rak（rag）
　　　　无根藤无须
　　　　De dauq ak youq gwnz
　　　　倒强在土上
Cam：Yienghlawz ngamj meizndang
问　　哪样刚怀孕
　　　　Doxdap sang hwnjdaeuj
　　　　相搭高起来
　　　　Yienghlawz buj meiz gyaeuj
　　　　哪样没有头
　　　　Seng daeuj ngamj meiz rwz
　　　　生来才有耳
Dap：Muzcwz ngamj meizndang
答　　木贼刚怀孕
　　　　Doxdap sang hwnjdaeuj
　　　　相搭高起来
　　　　Moegngaex buj meiz gyaeuj
　　　　木耳没有头
　　　　Seng daeuj ngamj meiz rwz
　　　　生来才有耳
Cam：Go maz maex sohsoh
问　　什么木直直
　　　　Aeu doq daengq buj ndaej
　　　　打制凳不得
　　　　Go maz maex sang raez
　　　　什么木高长

Bae guh saeu buj baenz
    做柱子不成
Dap：Gomoeggva sohsoh
答 木瓜树直直
    Aeu doq daengq buj ndaej
    打制凳不得
    Gocukbeu sang raez
    箣竹高又长
    Bae guh saeu buj baenz
    做柱子不成
Cam：Go lawz de lingh gak
问 什么它另样
    Baenz mak buj meiz faen
    结果没有籽
    Go lawz mak buj baenz
    什么果不结
    Dauq meiz faen baenz hangz
    倒有籽成列
Dap：Go'gyoij de lingh gak
答 芭蕉它另样
    Baenz mak buj meiz faen
    结果没有籽
    Duznamh mak buj baenz
    花生果不结
    Dauq meiz faen baenz hangz
    倒有籽成列
Cam：Go lawz de gak lingh
问 哪棵它另样

　　　　Va dingz baenz lumj mak
　　　　花凋谢结果
　　　　Mak hung aenaen dek
　　　　果大个个裂
　　　　Hai vabeg dauq rog
　　　　往外开白花
Dap： Gofaiq de gak lingh
答　　木棉它另样
　　　　Va dingz baenz lumj mak
　　　　花凋谢结果
　　　　Mak hung aenaen dek
　　　　果大个个裂
　　　　Hai vabeg dauq rog
　　　　往外开白花
Cam： Yienghlawz de baenz naed
问　　哪样它成粒
　　　　Saedcaih cix baenz gwn
　　　　实在且能吃
　　　　Gij ngad de baez hwnj
　　　　嫩芽它一长
　　　　Caemh doq laengj gwn baenz
　　　　也都还能吃
Dap： Duzhenj de baenz naed
答　　大豆它成粒
　　　　Saedcaih cix baenz gwn
　　　　实在且能吃
　　　　Gij ngad de baez hwnj
　　　　嫩芽它一长

    Caemh doq laengj gwn baenz
    也都还能吃
Cam：Go lawz de geizheih
问 什么它奇异
    Leix unq cix baenz gwn
    尚嫩且能吃
    Hwnj geq cix baenz maex
    长老且成木
    Aeu bae guh maex maz
    要去做何木
Dap：Gobeu de geizheih
答 箣竹它奇异
    Leix unq cix baenz gwn
    尚嫩且成吃
    Hwnj geq cix baenz maex
    长老且成木
    Aeu bae guh maexhanz
    要去做扁担

（Sam）Doenghduz

（三）动物

Cam：Duz lawz meh de ceiq
问 什么其母生
    Meiz lwed buj meiz saej
    有血没有肠
    Duz lawz meh de haej
    什么其母给

　　　　Meiz haex buj meiz nyouh
　　　　有屎没有尿
Dap：Duzbing meh de ceiq
答　蚂蟥其母生
　　　　Meiz lwed buj meiz saej
　　　　有血没有肠
　　　　Duzgaeq meh de haej
　　　　鸡其母给命
　　　　Meiz haex buj meiz nyouh
　　　　有屎没有尿
Cam：Duz gaiqmaz meiz heuj
问　什么有牙齿
　　　　Buj rox geux doenghyiengh
　　　　不会嚼东西
　　　　Duz gaiqmaz meiz rieng
　　　　什么有尾巴
　　　　Song mbiengj doq haep vunz
　　　　两边都咬人
Dap：Duzbya de meiz heuj
答　鱼它有牙齿
　　　　Buj rox geux doenghyiengh
　　　　不会嚼东西
　　　　Duzbing de meiz rieng
　　　　蚂蟥它有尾
　　　　Song mbiengj doq haep vunz
　　　　两边都咬人
Cam：Yienghlawz iq daengz hung
问　哪样小到大

Cungj liz ranz buj ndaej
总离不得家
Caeq bae gaenh bae gyae
去近或去远
Cungj daih ranz bae riengz
总带屋随去

Dap： Duzsae iq daengz hung
答 螺蛳小到大
Cungj liz ranz buj ndaej
总离不得家
Caeq bae gaenh bae gyae
去近或去远
Cungj daih ranz bae riengz
总带屋随去

Cam： Yienghlawz iq daengz hung
问 哪样小到大
Cungj buj ndaej liz ranz
总离不得家
Yaez buj meiz dou gvan
差在没门关
Daih ranz banh seiqbuenz
带屋爬四周

Dap： Myaixmya iq daengz hung
答 蜗牛小到大
Cungj buj ndaej liz ranz
总不得离家
Yaez buj meiz dou gvan
差在没门关

一、事物篇

　　　　Daih ranz banh seiqbuenz
　　　　带屋爬四周
Cam：Gou cam mwngz duz lawz
问　　我问你哪只
　　　　Song rwz lumj mbaw beiz
　　　　两耳像把扇
　　　　Gaiqmaz lumj seiq cei
　　　　什么像四柱
　　　　Maz ngaeu deiz doenghyiengh
　　　　什么勾东西
Dap：Gou gangj dwg duzcang
答　　我讲是大象
　　　　Song rwz gvangq lumj beiz
　　　　两耳宽像扇
　　　　Seiq ga lumj seiq cei
　　　　四足像四柱
　　　　Ndaeng ngaeu deiz doenghyiengh
　　　　鼻子勾东西
Cam：Cam mwngz dwg yienghlawz
问　　问你是哪样
　　　　Dungx goenh fouz meiz saej
　　　　肚圆没有肠
　　　　Caeq gwn rumz roengz bae
　　　　吃下一口气
　　　　Daizcaej diuq gvangjngoenz
　　　　可以跳整日
Dap：Duenz aengouz cix deiz
答　　猜汽球且对

Dungx goenh fouz meiz saej
肚圆没有肠
Caeq gwn rumz roengz bae
吃下一口气
Daizcaej diuq gvangjngoenz
足够跳整日

Cam： Guh roeg hai buj sou
问　作鸟卖不出
Guh nou hai buj ndaej
作鼠卖不得
Gvaiqsaeh buj gvaiqsaeh
怪事不怪事
Dwg duz laez naeuz raeuz
是什么告（诉）咱

Dap： Guh roeh hai buj sou
答　作鸟卖不出
Guh nou hai buj ndaej
作鼠卖不得
Gvaiqsaeh dwg swhgeij
怪事是自己
Aeu beijswj（bitfwj）naeuz mwngz
用蝙蝠答你

Cam： Gyanghaemh laep baez daengz
问　夜晚黑一到
Youq ruklaeng hai daeng
在背后开灯
Gvaq lawz rongh doq daengz
过哪亮到哪

　　　　Duenz dawz caengh bonjsaeh
　　　　猜着才本事
Dap： Gyanghaemh laep baez daengz
答　　夜晚黑一到
　　　　Youq ruklaeng hai daeng
　　　　在背后开灯
　　　　Gvaq lawz rongh doq daengz
　　　　过哪亮到哪
　　　　Duenz ronghrib caengh dawz
　　　　猜流萤才着
Cam： Duz maz de caeq soh
问　　什么再温驯
　　　　Laengj rox hwnj cungjgaex
　　　　还会舀蹶子
　　　　Duz maz de caeq yak
　　　　什么再凶恶
　　　　Buj aj bak haep vunz
　　　　不开口咬人
Dap： Duzmax de caeq soh
答　　马它再温驯
　　　　Laengj rox hwnj cungjgaex
　　　　还会舀蹶子
　　　　Duzmoz de caeq yak
　　　　牛它再凶恶
　　　　Buj aj bak haep vunz
　　　　不开口咬人
Cam： Duz maz rox seizgan
问　　什么知时间

Bauq ranz youh bauq mbanj

报家又报村

Duz maz buj niemh ranz

什么不念家

Nanz buj nanz deuz buenz

久不久逃家

Dap： Duzgaeq rox seizgan

答 鸡知道时间

Bauq ranz youh bauq mbanj

报家又报村

Duzmeuz buj niemh ranz

猫不留恋家

Nanz buj nanz deuz buenz

久不久逃家

Cam： Duz lawz rox vaih ranz

问 什么会坏家

Gauj sanq lanh doenggva

搞冬瓜散烂

Duz lawz rox vaih gyaj

什么会坏禾（苗）

Gvej gvaq naj bingzbingz

割过面平平

Dap： Duzmou rox vaih ranz

答 猪会破坏家

Gauj sanq lanh doenggva

搞冬瓜散烂

Duzvaiz rox vaih gyaj

牛会破坏禾（苗）

Gvej gvaq naj bingzbingz
割过面平平

Cam： Duz maz naj ceiq raez
问　什么脸最长
　　Duz maz saej ceiq gyeuj
　　什么肠最绞
　　Duz maz bak ceiq veuq
　　什么唇最裂
　　Duz maz heuj ceiq hoemz
　　什么齿最利

Dap： Duzmax naj ceiq raez
答　马脸庞最长
　　Duzgaeq saej ceiq gyeuj
　　鸡肠子最绞
　　Duzdoq bak ceiq veuq
　　兔子唇最裂
　　Duzguk heuj ceiq hoemz
　　老虎齿最利

Cam： Duz maz namh guh haeux
问　什么（以）土为饭
　　Duz maz haex guh donq
　　什么（以）屎为食
　　Duz maz haz guh mbonq
　　什么（以）草为床
　　Aeu maz non guh noh
　　要何虫做肉

Dap： Duzsae namh guh haeux
答　螺蛳（以）土为饭

Duzbaeu haex guh donq
螃蟹（以）屎为食
Duzmou haz guh mbonq
猪（以）草为床
Aeu nondoq guh noh
要蜂虫做肉

Cam: Duz maz de yungh ndaeng
问　什么它用鼻
　　Soengq doenghyiengh daengz bak
　　送东西到口
　　Duz maz de cang lak
　　什么它装网
　　Bak ciengzseiz gwn noh
　　嘴时常吃肉

Dap: Duzcang de yungh ndaeng
答　大象它用鼻
　　Soengq doenghyiengh daengz bak
　　送东西到口
　　Gungqgyau de cang lak
　　蜘蛛它装网
　　Bak ciengzseiz gwn noh
　　嘴时常吃肉

Cam: Duz maz sim buj dam
问　什么不贪心
　　Haen noh gamz dawz dauq
　　见肉衔着回
　　Duz maz bak haujsaux
　　什么嘴好吃

　　　　Haen noh nauh buj dingz
　　　　见肉闹不停
Dap：Duzmoed sim buj dam
答　　蚂蚁不贪心
　　　　Haen noh gamz dawz dauq
　　　　见肉衔着回
　　　　Duzmeuz bak haujsaux
　　　　猫嘴巴好吃
　　　　Haen noh nauh buj dingz
　　　　见肉闹不停
Cam：Duz maz cib cingz aeq（huk）
问　　什么十成傻
　　　　Ok gyaeq buj ra raeuz（rongz）
　　　　屙蛋不找窝
　　　　Duz maz yaemgoeng saeuj（souj）
　　　　什么守阴功
　　　　Daeuj lawh faeg houdai
　　　　替它孵后代
Dap：Duzbit cib cingz aeq（huk）
答　　鸭子十成傻
　　　　Ok gyaeq buj ra raeuz（rongz）
　　　　屙蛋不找窝
　　　　Duzgaeq yaemgoeng saeuj（souj）
　　　　母鸡守阴功
　　　　Daeuj lawh faeg daihlaeng
　　　　替它孵后代
Cam：Duz maz conq ok ma
问　　什么钻出来

Cungj buj ra dauq congh
　　　　总不找回洞（路）
　　　　Duz maz mbin ok rongz
　　　　什么飞出巢
　　　　Fwed doek dai byonghloh
　　　　翅落死途中
Dap： Duzndwen conq ok ma
答　　蚯蚓钻出来
　　　　Cungj buj ra dauq congh
　　　　总不找回洞（路）
　　　　Moedbyuk mbin ok rongz
　　　　白蚁飞出巢
　　　　Fwed doek dai byonghloh
　　　　翅落死途中
Cam： Duz lawz rox gwn maenh
问　　什么很能吃
　　　　Hoz baenq dauq buj ndaej
　　　　颈转回不得
　　　　Duz lawz fouz bonjsaeh
　　　　什么无本事
　　　　Yamq baenaj buj baenz
　　　　迈向前不成
Dap： Duzmou rox gwn maenh
答　　猪很能吃喝
　　　　Hoz baenq dauq buj ndaej
　　　　颈转回不得
　　　　Duzbaeu fouz bonjsaeh
　　　　螃蟹无本事

一、事物篇

       Yamq baenaj buj baenz
       迈向前不成

Cam：Duz maz gumq buj bwn
问   什么股没毛

       Duz maz bwn buj bwd
       什么毛不湿

       Duz maz lwed buj nding
       什么血不红

       Duz maz sing caengh baenz
       什么腥才是

Dap：Duzlingz gumq buj bwn
答   猴屁股没毛

       Duzbit bwn buj bwd
       鸭子毛不湿

       Duzndwen lwed buj nding
       蚯蚓血不红

       Duzbya sing caengh baenz
       鱼有腥才是

Cam：Duz maz da baez nongq（byaengq）
问   什么眼一睁

       Lumj song gienz dauq rog
       像两拳外翻

       Duz maz bwn baez ok
       什么毛一长

       Lumj swz dok cuenqfaz
       像似镶铁锥

Dap：Duzbaeu da baez nongq（byaengq）
答   螃蟹眼一睁

Lumj song gienz dauq rog
像两拳外翻
Duzcenh bwn baez ok
刺猬毛一出
Lumj swz dok cuenqfaz
像似镶铁锥

Cam： Duz maz fouz bonjsaeh
问　　什么无本事
　　　Cauq baenaj buj ndaej
　　　扑向前不得
　　　Duz maz buj meiz cae
　　　什么没有犁
　　　Aeu ndaeng bae cae namh
　　　用鼻去犁地

Dap： Duzgaeq fouz bonjsaeh
答　　鸡没有本事
　　　Cauq baenaj buj ndaej
　　　扑向前不得
　　　Duzmou buj meiz cae
　　　猪没有犁头
　　　Aeu ndaeng bae cae namh
　　　用鼻去犁地

Cam： Duz maz ai yw byai
问　　什么爱草末
　　　Duz maz ai yw goek
　　　什么爱草根
　　　Duz maz loek yw rag
　　　什么拔草根

一、Swvuz Bien
一、事物篇

        Gangj mingzsak naeuz raeuz
        明白告诉咱

Dap：Duzmoz ai yw byai
答   黄牛爱草末

        Duzvaiz ai yw goek
        水牛爱草根

        Duzmax loek yw rag
        马儿拔草根

        Gangj mingzsak naeuz mwngz
        明白告诉你

Cam：Duz maz roeg vunz ciengx
问   什么鸟人养

        Doq laengj siengq deuz bae
        都还想逃走

        Duz maz roeg buj vaeq
        什么鸟不喂

        Bae laengj dauq ranz gaeuq
        却还回旧屋

Dap：Duzroegmoiz vunz ciengx
答   囚鸟是人养

        Doq laengj siengq deuz bae
        都还想逃走

        Duzroegenq buj vaeq
        燕子没有喂

        Bae laengj dauq ranz gaeuq
        却还回旧屋

Cam：Duz lawz de yakfaz
问   什么它尴尬

Swiq naj buj swiq ga
洗脸不洗脚
Duz lawz de daihvaz
什么它奢华
Buj ninz roengz lajnamh
不睡下地面

Dap： Duzmeuz de yakfaz
答　猫儿它尴尬
Swiq naj buj swiq ga
洗脸不洗脚
Duz bit gaeq daihvaz
鸭鸡它奢华
Buj ninz roengz lajnamh
不睡下地面

Cam： Duz lawz byaij caemh baemj
问　什么趴着走
Duz lawz ninz caemh naengh
什么坐着睡
Caenz mwngz siengq buj daengz
若你想不到
Deq daengj gou naeuz mwngz
待我告诉你

Dap： Duzngwz byaij caemh baemj
答　蛇趴着走路
Duzgoep ninz caemh naengh
青蛙坐着睡
Swnz gou yiemz siengq daengz
现我已想到

　　　　Buj daengj mwngz daeuj naeuz
　　　　不等你告诉
Cam：Duz maz youq sang ciengq
问　　什么高处唱
　　　　Seiqmbiengj doq raekraez
　　　　四周都喧哗
　　　　Vied naez sing vied raez
　　　　越拉声越长
　　　　Bae dauq dwg yaem dog
　　　　来回是独音
Dap：Duzbid youq sang ciengq
答　　蝉在高处唱
　　　　Seiqmbiengj doq raekraez
　　　　四周都喧哗
　　　　Vied naez sing vied raez
　　　　越拉声越长
　　　　Bae dauq dwg yaem dog
　　　　来回是独音
Cam：Yienghlawz lumj feihgeix
问　　哪样像飞机
　　　　Daengz seiz hai ok ma
　　　　到时开出来
　　　　Mbin gvaq gwnz gvaq laj
　　　　飞到上到下
　　　　Ra gwn lwed boux lawz
　　　　找哪个血喝
Dap：Duznyungz lumj feihgeix
答　　蚊子像飞机

Daengz seiz hai ok ma
到时开出来
Mbin gvaq gwnz gvaq laj
飞到上到下
Ra gwn lwed boux vunz
找人的血喝

Cam： Yienghlawz buj meiz meh
问　哪样无母亲
De gag beh ok ma
自繁殖出来
Lumj cien bing fanh max
像千兵万马
Ra caeg gwn haeux vunz
偷吃他人米

Dap： Duzmod buj meiz meh
答　蚝虫无母亲
De gag beh ok ma
自繁殖出来
Lumj cien bing fanh max
像千兵万马
Ra caeg gwn haeux vunz
偷吃他人米

Cam： Duz maz haeux buj gwn
问　什么不吃饭
Hwnj daeuj bae guhhong
起来去做工
Caeq nditndat daih rongh
无论晴或雨

一、Swvuz Bien
一、事物篇

　　　　Buj rox hongz yienghlawz
　　　　不会说什么
Dap：Duzmoz haeux buj gwn
答　　黄牛不吃饭
　　　　Hwnj daeuj bae guhhong
　　　　起来去做工
　　　　Caeq nditndat daih rongh
　　　　无论晴或雨
　　　　Buj rox hongz yienghlawz
　　　　不会说什么
Cam：Duz maz gik buj gaenx
问　　什么懒不勤
　　　　Gwn imq gyaen buj hwnj
　　　　吃饱鼾（睡）不起
　　　　Baez iek cix nauh gwn
　　　　一饿且闹吃
　　　　Dwk hwnj caeq dwk roengz
　　　　打上再打下
Dap：Duzmou gik buj gaenx
答　　猪懒不勤快
　　　　Gwn imq gyaen buj hwnj
　　　　吃饱鼾（睡）不起
　　　　Baez iek cix nauh gwn
　　　　一饿且闹吃
　　　　Dwk hwnj caeq dwk roengz
　　　　打上再打下
Cam：Duz maz lumj feihgeix
问　　什么像飞机

    Cungj buj yungh heiqyouz
    总不用汽油
    Bae gwnz bae laj louz
    上下到处遛
    Daengz laep caengh sou doih
    天黑才收队

Dap：Biengzbeih lumj feihgeix
 答 蜻蜓像飞机
    Cungj buj yungh heiqyouz
    总不用汽油
    Bae gwnz bae laj louz
    上下到处遛
    Daengz laep caengh sou doih
    天黑才收队

Cam：Duz maz caen geizheih
 问 什么真奇异
    Song mbiengj meiz beiz aj
    两边有扇开
    Caenz dwg seizlawz ma
    若是何时来
    Youq suenva funglouz
    在花园风流

Dap：Mbungqmbaj caen geizheih
 答 蝴蝶真奇异
    Song mbiengj meiz beiz aj
    两边有扇开
    Caenz dwg seizcin ma
    若是春时来

　　　　Youq suenva funglouz
　　　　在花园风流
Cam：Duz lawz gyaeq caen hung
问　　什么蛋真大
　　　　Dungx meh beij buj ndaej
　　　　母肚比不得
　　　　Duz lawz gyaeuj soem raez
　　　　什么头尖长
　　　　Laek caez ndang ityiengh
　　　　将与身一样
Dap：Gangzmax gyaeq caen hung
答　　螳螂蛋真大
　　　　Dungx meh beij buj ndaej
　　　　母肚比不得
　　　　Duzruemh gyaeuj soem raez
　　　　蝗虫头尖长
　　　　Laek caez ndang ityiengh
　　　　将与身一样
Cam：Duz maz caen dwg yaez
问　　什么真是差
　　　　Haej vunz bouxboux naeuq
　　　　让每个人恨
　　　　Youq lawz beh okdaeuj
　　　　在哪滋生出
　　　　Hom haeu doq meiz faenh
　　　　香臭都有份
Dap：Duznengz caen dwg yaez
答　　苍蝇真是差

Haej vunz bouxboux naeuq
让每个人恨
Dingz gyuek beh okdaeuj
浊坑滋生出
Hom haeu doq meiz faenh
香臭都有份

Cam： Yienghlawz va cix lienh
问　哪样且恋花
Cien fanh baez buj mbwq
千万次不腻
Daengz gyang va baenqlwq
到花间徘徊
Mbin fwqfwq baehoiz
飞呲呲来回

Dap： Duzrwi va cix lienh
答　蜜蜂且恋花
Cien fanh baez buj mbwq
千万次不腻
Daengz gyang va baenqlwq
到花间徘徊
Mbin fwqfwq baehoiz
飞呲呲来回

Cam： Duz maz youq gwnz heiq（hawz）
问　什么在（地）上渴
Ceiq roengz raemx ok gyaeq
该下水屙蛋
Duz maz youq raemx naex
什么在水里

　　　　Ok gyaeq hwnj gwnzhaenz
　　　　屙蛋上岸边
Dap： Gungqsou youq gwnz heiq (hawz)
答　 蟾蜍在（地）上渴
　　　　Ceiq roengz raemx ok gyaeq
　　　　该下水屙蛋
　　　　Duzsae youq raemx naex
　　　　螺蛳在水里
　　　　Ok gyaeq hwnj gwnzhaenz
　　　　屙蛋上岸边
Cam： Duz lawz de lingh gak
问　 什么它另样
　　　　Bak heuh gag hongz mingz
　　　　口自报名字
　　　　Duz lawz de gak lingh
　　　　哪只它另样
　　　　Gag bauq mingz naeuz vunz
　　　　自报名告（诉）人
Dap： Duza de lingh gak
答　 乌鸦它另样
　　　　Bak heuh gag hongz mingz
　　　　口自报名字
　　　　Duzmbej de gak lingh
　　　　羊儿它另样
　　　　Gag bauq mingz naeuz vunz
　　　　自报名告（诉）人
Cam： Duz lawz meiz bonjsaeh
问　 什么有本事

Saeqnaeh daeuj guh rongz
细致来做巢
Conghcongh geijlai gok
每孔多少角
Gokgok geijlai doh
每角多少度

Dap： Duzrwi meiz bonjsaeh
答　蜂虫有本事
Saeqnaeh daeuj guh rongz
细致来做巢
Conghcongh meiz roek gok
每孔有六角
Gokgok roekcib doh
每角六十度

Cam： Duz lawz aenndang soh
问　什么身体直
Bae goz vang goz raez
曲横曲长爬
Duz lawz ndang benj caez
什么全身扁
Bae ub hwnj ub roengz
蜿蜒上下游

Dap： Duzngwz aenndang soh
答　蛇的身体直
Bae goz vang goz raez
曲横曲长爬
Duzbing ndang benj caez
蚂蟥全身扁

  Bae ub hwnj ub roengz
  蜿蜒上下游
Cam： Duz lawz meiz geiqmaeuz
问 什么有计谋
  Aeu non daeuj ciengx gyaeq
  要虫来养蛋
  Go lawz meiz bonjsaeh
  什么有本事
  Youq gwnz maex camz rag
  在树上扎根
Dap： Nengzyaex meiz geiqmaeuz
答 螺蠃有计谋
  Aeu non daeuj ciengx gyaeq
  要虫来养蛋
  Senggeiq meiz bonjsaeh
  寄生有本事
  Youq gwnz maex camz rag
  在树上扎根

（Seiq） Cungj Doenghyiengh
（四）物类

Cam： Sam bak roek yiengh haex
问 三百六样屎
  Haex gaiqmaz buj haeu
  什么屎不臭
  Sam bak roek yiengh gaeu
  三百六样藤

Gaeu gaiqmaz buj laz
    什么角不延
Dap：Sam bak roek yiengh haex
 答 三百六样屎
    Dwg haexduk buj haeu
    是箆屎不臭
    Sam bak roek yiengh gaeu
    三百六样藤
    Dwg gaeumoz buj laz
    是牛角不延
Cam：Meiz cien maex fanh maex
 问 有千木万木
    Maex maz buj did rag
    何木不生根
    Meiz cien mak fanh mak
    有千果万果
    Mak maz ndaem buj baenz
    何果种不成
Dap：Meiz cien maex fanh maex
 答 有千木万木
    Maexsaeu buj did rag
    木柱不生根
    Meiz cien mak fanh mak
    有千果万果
    Makmou ndaem buj baenz
    猪肾种不成
Cam：Meiz cien moz fanh moz
 问 有千牛万牛

Moz lawz buj meiz noh
何牛没有肉
Meiz cien hoz fanh hoz
有千节万节
Hoz lawz buj did yot
哪节不生芽

Dap： Meiz cien moz fanh moz
答 有千牛万牛
Mozfaz buj meiz noh
铁牛没有肉
Meiz cien hoz fanh hoz
有千节万节
Hozfwngz buj did yot
指节不生芽

Cam： Meiz cien cag fanh cag
问 有千绳万绳
Cag maz cug buj baenz
何绳捆不成
Meiz cien ngaenz fanh ngaenz
有千银万银
Ngaenz maz coemh buj deiz
何银烧不着

Dap： Meiz cien cag fanh cag
答 有千绳万绳
Cagdaeuh cug buj baenz
灰绳捆不成
Meiz cien ngaenz fanh ngaenz
有千银万银

Ngaenzdaej coemh buj deiz
锑银烧不着

Cam: Gaiqmaz bak ceiq soem
问　什么嘴最尖

Gaiqmaz byoem ceiq raez
什么发最长

Gaiqmaz sei ceiq saeq
什么丝最细

Gaiqmaz gyaeq ceiq goenh
什么蛋最圆

Dap: Cimcuenq bak ceiq soem
答　针锥嘴最尖

Caeuhyah byoem ceiq raez
妇女发最长

Gungqgyau sei ceiq saeq
蜘蛛丝最细

Gungqgemq gyaeq ceiq goenh
壁虎蛋最圆

Cam: Gaiqmaz laeg gvaq romj
问　什么（颜色）比靛深

Gaiqmaz hom gvaq noh
什么比肉香

Gaiqmaz doeg gvaq doq
什么比蜂毒

Gaiqmaz goj gvaq namh
什么比土硬

Dap: Maeg ndaem laeg gvaq romj
答　黑墨（颜色）比靛深

Seqyieng hom gvaq noh
麝香比肉香
Ngwzdoeg doeg gvaq doq
毒蛇比蜂毒
Suijniz goj gvaq namh
水泥比土硬

Cam： Mwngz siengq daengz buj daengz
问　你想到不到
Gaiqmaz naeng gag bok
什么皮自剥
Gaiqmaz naeng duk ndok
什么皮包骨
Gaiqmaz ndok duk noh
什么骨包皮

Dap： Gou siengq cix dwg daengz
答　我且是想到
Duzngwz naeng gak bok
蛇皮自剥落
Haeuxgok naeng duk ndok
稻谷皮包骨
Aengyaeq ndok duk noh
蛋类骨包皮

Cam： Yiengh gaiqmaz baenz va
问　什么做成花
Duzmbaj cungj buj lienh
蝴蝶总不恋
Duz gaiqmaz laij sienq
什么拉的线

Ciep dienhdaeng buj baenz
        接电灯不成
Dap：Yiengh suliu baenz va
 答   塑料做成花

        Duzmbaj cungj buj lienh
        蝴蝶总不恋
        Duzgungqgyau laij sienq
        蜘蛛拉的线
        Ciep dienhdaeng buj baenz
        接电灯不成
Cam：Gaiqmaz maex dub naj
 问   什么木砸脸
        Hemq cazcaz ning deih
        喊喳喳震地
        Gaiqmaz linx dawz feiz
        什么芯着火
        Yaepseiz ndang sanq caez
        俄而身散完
Dap：Gyonglaz maex dub naj
 答   锣鼓木砸脸
        Hemq cazcaz ning deih
        喊喳喳震地
        Bauqsa linx dawz feiz
        纸炮芯着火
        Yaepseiz ndang sanq caez
        俄而身散完
Cam：Yienghlawz gyaeuj dawz feiz
 问   哪样头着火

It、Swvuz Bien
一、事物篇

  Cix meiz raemxda loenq
  且有眼泪落
  Yienghlawz gyaeuj ok oenq
  哪样头冒烟
  Ndok noh baenz hoenz caez
  骨肉全成粉

Dap：Labcug gyaeuj dawz feiz
答 蜡烛头着火
  Cix meiz raemxda loenq
  且有眼泪落
  Diuz yieng gyaeuj ok oenq
  香头上冒烟
  Ndok noh baenz hoenz caez
  骨肉全成粉

Cam：Dwg maz sienq ceiq soh
问 是何线最直
  Dwg maz moz ceiq rengz
  是何牛最（有）力
  Dwg maz faet ceiq bengz
  是何物最贵
  Hawj mwngz ndaej duenz ngaih
  让你更易猜

Dap：Dwg gvanghsienq ceiq soh
答 是光线最直
  Dwg mozfaz ceiq rengz
  是铁牛最（有）力
  Dwg vunzfaet ceiq bengz
  是人物最贵

```
         Hawj gou gengq duenz ngaih
         让我更易猜
Cam：  Yienghlawz de lingh gak
问      哪样它另样
         Haeuj bak ndwnj roengz bae
         入口咽下去
         Dungx cungj caeng buj ndaej
         肚总容不下
         Caeq conh dauq foenzfoenz
         再纷纷冒回
Dap：  Oenq ien de lingh gak
答      烟烟它另样
         Haeuj bak ndwnj roengz bae
         入口咽下去
         Dungx cungj caeng buj ndaej
         肚总容不下
         Caeq conh dauq foenzfoenz
         再纷纷冒回
Cam：  Yienghlawz ngah caengh ceiq
问      哪样馋才买
         Caeq aeu feiz diemj bae
         再要火去点
         Yienghlawz ndwnj roengz bae
         哪样咽下去
         Okdaeuj caeq lumj gaeuq
         出来像原来
Dap：  Gij ien ngah caengh ceiq
答      香烟馋才买
```

　　　　Caeq aeu feiz diemj bae
　　　　再要火去点
　　　　Gij oenq ndwnj roengz bae
　　　　那烟咽下去
　　　　Okdaeuj caeq lumj gaeuq
　　　　出来像原来
Cam：Yienghlawz mingzdangz yaez
问　　哪样名声差
　　　　Vied haen yaez vied daeuj
　　　　越见差越来
　　　　Yienghlawz doenghyiengh haeu
　　　　哪样东西臭
　　　　Vied haen haeu vied meiz
　　　　越见就越臭
Dap：Cwzsoj mingzdangz yaez
答　　厕所名声差
　　　　Vied haen yaez vied daeuj
　　　　越见差越来
　　　　Boux vunz haex nyouh haeu
　　　　人的屎尿臭
　　　　Vied haen haeu vied meiz
　　　　越见就越臭
Cam：Yienghlawz doengh caez doengh
问　　哪样动齐动
　　　　Cungj buj loeng gvaq vang
　　　　总不错过横
　　　　Yienghlawz gangj caez gangj
　　　　哪样讲齐讲

De gangj sing buj meiz
它讲没有声

Dap： Giengq ngaeuz doengh caez doengh
答　镜影动齐动

Cungj buj loeng gvaq vang
总不错过横

Giengq ngaeuz gangj caez gangj
镜影讲齐讲

De gangj sing buj meiz
它讲没有声

Cam： Duz maz de lingh gak
问　什么它另样

Bak veuq baenz seiq gaiq
口裂成四块

Gwnz ywfoeb lumj vaiz
像牛吃草叶

Ga byaij roen buj baenz
脚走路不成

Dap： Yukdoq de lingh gak
答　玉兔它另样

Bak veuq baenz seiq gaiq
口裂成四块

Gwn ywfoeb lumj vaiz
像牛吃草叶

Ga byaij roen buj baenz
脚走路不成

Cam： Yienghlawz liuq buj haen
问　哪样看不见

De caen yunghcawq daih
它用处真大
Veiz byawz cauhfuk lai
为谁造福多
Siqgyaiq laep bienq rongh
世界黑变亮

Dap： Gij dienh liuq buj haen
答　电流看不见
　　　De caen yunghcawq daih
　　　它用处真大
　　　Veiz minz cauhfuk lai
　　　为民造福多
　　　Siqgyaiq laep bienq rongh
　　　世界黑变亮

Cam： Aen gya lawz hinghvang
问　哪个家兴旺
　　　Geijlai vangz guenjsaeh
　　　多少王管事
　　　Geijlai boux mumh raez
　　　多少个须长
　　　Geq caez geijlai vunz
　　　数完多少人

Dap： Buzgwz gya hinghvang
答　扑克家兴旺
　　　Meiz song vangz guenjsaeh
　　　有两王管事
　　　Cibngeih boux mumh raez
　　　十二个须长

Geq caez hajseiq vunz
数完五（十）四人

Cam：Dwg yienghlawz gvidingh
问　　是哪样规定

　　　Ok bing buj ndaej dauq
　　　出兵不得返
　　　Ci buj gvaq baizciuq
　　　车不挂牌照
　　　Buj meiz gyaugingj lanz
　　　没有交警拦

Dap：Dwg geizciengh gvidingh
答　　是象棋规定

　　　Ok bing buj ndaej dauq
　　　出兵不得返
　　　Ci buj gvaq baizciuq
　　　车不挂牌照
　　　Buj meiz gyaugingj lanz
　　　没有交警拦

（Haj）Siengq Doenghyiengh
（五）物象

Cam：Seizlawz gyangngoenz raez
问　　何时太阳长
　　　Seizlawz gyangngoenz dinj
　　　何时太阳短
　　　Maengx duenz hanh doq sinz
　　　没猜汗都冒

　　　　Nyinhsaw le hek heiz
　　　　认输咧客嘿
Dap： Gyangngoenz buj meiz raez
答　　太阳无长时
　　　　Seizlawz caemh buj dinj
　　　　何时也不短
　　　　Aen de goenh cincin
　　　　个子圆真真
　　　　Cungj buj nyinhsaw mwngz
　　　　总不认输你
Cam： Dwg gaiqmaz ceiq goenh
问　　是什么最圆
　　　　Dwg maz roen ceiq gyae
　　　　什么路最远
　　　　Dwg maz sei ceiq saeq
　　　　什么丝最细
　　　　Dwg yienghlaez ceiq nuenz
　　　　是哪样最齑
Dap： Dwg aen lingz ceiq goenh
答　　是个〇最圆
　　　　Gyangngoenz roen ceiq gyae
　　　　太阳路最远
　　　　Gungqgyau sei ceiq saeq
　　　　蜘蛛丝最细
　　　　Dwg raemxsae ceiq nuenz
　　　　是清水最碎

（Roek） Denhvwnz
（六）天文

Cam：Gyanghaet hwnj goekmwnh
问　　早上升旸谷
　　　Gyanghaemh doek goekmoq
　　　晚上落崦嵫
　　　Caenz lauxbiuj mwngz rox
　　　若老表你知
　　　Doxnaeuz dwg yienghlawz
　　　相告是哪样
Dap：Aen de doek cix laep
答　　它落且天黑
　　　Aen de hwnj cix rongh
　　　它升且天亮
　　　Lauxbiuj dingq gou hongz
　　　老表听我说
　　　Aen de rongh lajbiengz
　　　它照亮天下
Cam：Gaiqmaz bungz dawz vunz
问　　什么碰着人
　　　Vunz haen aeu buj ndaej
　　　人见要不得
　　　Maz daeuj dingqnyi caez
　　　什么来听完
　　　Baedauq buj haen ngaeuz
　　　来去不见影

Dap： Nditndat bungz dawz vunz
答　阳光碰着人
　　　Vunz haen aeu buj ndaej
　　　见得要不得
　　　Rumz daeuj dingqnyi caez
　　　风来听闻完
　　　Baedauq buj haen ngaeuz
　　　来去不见影

Cam： Gaiqmaz hiengjcazcaz
问　什么响飒飒
　　　Meiz vah buj meiz ndang
　　　有声无身躯
　　　Gaiqmaz de sangsang
　　　什么它高高
　　　Ndang meiz ndok buj meiz
　　　有身没有骨

Dap： Rumz coi hiengjcazcaz
答　风吹响飒飒
　　　Meiz vah buj meiz ndang
　　　有声无身躯
　　　Gij oenq de sangsang
　　　那烟它高高
　　　Ndang meiz ndok buj meiz
　　　有身没有骨

Cam： Gaiqmaz buj roxsaeh
问　什么不知礼
　　　Mbin gvaq daeuj luenh bien（biengj）
　　　飞过来乱掀

    Gaiqmaz buj rox bienq
    什么不知变
    Baedauq lumj yienzlaiz
    来去像原来

Dap： Gij rumz buj roxsaeh
答 那风不知礼
    Mbin gvaq daeuj luenh bien（biengj）
    飞过来乱掀
    Gyangngoenz buj rox bienq
    太阳不知变
    Baedauq lumj yienzlaiz
    来去像原来

Cam： Aen maz youq gwnz daengz
问 什么在上面
    Lumj swz naengh buj onj
    像似坐不稳
    Cungj ciengzseiz baenq honz
    总时常摇转
    Duenhheiq de caengh dingz
    断气它才停

Dap： Aen'gyaeuj youq gwnz daengz
答 头部在上面
    Lumj swz naengh buj onj
    像似坐不稳
    Cungj ciengzseiz baenq honz
    总时常摇转
    Duenhheiq de caengh dingz
    断气它才停

It、Swvuz Bien
一、事物篇

Cam： Gaiqmaz lumj gij fwj
问　什么像那云
　　Gaiqmaz swz gij oenq
　　什么似那烟
　　Gaiqmaz haet lohroen
　　什么早衢路
　　Gaiqmaz ngoenz rongh biengz
　　什么昼亮天

Dap： Gij oenq lumj gij fwj
答　烟雾像云彩
　　Gij sui swz gij oenq
　　水汽似烟雾
　　Gij mok haet lohroen
　　那早雾衢路
　　Gyangngoenz ngoenz rongh biengz
　　太阳昼亮天

Cam： Gaiqmaz meiz aen da
问　什么有只眼
　　Buj liuq gwnz liuq laj
　　不看上看下
　　Gaiqmaz meiz aen naj
　　什么有张脸
　　Hawj lajbiengz haen caez
　　让天下见完

Dap： Ndaundeiq meiz aen da
答　魁星有只眼
　　Buj liuq gwnz liuq laj
　　不看上看下

Gyangngoenz meiz aen naj
　　　　太阳有张脸
　　　　Haej lajbiengz haen caez
　　　　让天下见完
Cam： Gaiqmaz nding gvaq lwed
　问　 什么比血红
　　　　Gaiqmaz nwed（ndat）gvaq feiz
　　　　什么比火热
　　　　Gaiqmaz rongh gvaq ndeiq
　　　　什么比星亮
　　　　Maz gviq gvaq gim ngaenz
　　　　何比金银贵
Dap： Gyangngoenz nding gvaq lwed
　答　 太阳比血红
　　　　Gang cieg nwed（ndat）gvaq feiz
　　　　钢熔比火热
　　　　Ronghndwen rongh gvaq ndeiq
　　　　月亮比星亮
　　　　Vunz gviq gvaq gim ngaenz
　　　　人比金银贵
Cam： Gaiqmaz youq ruklaeng
　问　 什么在背后
　　　　De cix daengz doiqnaj
　　　　它且到对面
　　　　Gaiqmaz youq mbiengjcaq
　　　　什么在左边
　　　　De cix gvaq mbiengjyou
　　　　它且过右边

Dap： Gyangngoenz youq ruklaeng
答　　太阳在背后
　　　Ngaeuz cix daengz doiqnaj
　　　影且到对面
　　　Gyangngoenz youq mbiengjcaq
　　　太阳在左边
　　　Ngaeuz cix gvaq mbiengjyou
　　　影且过右边

Cam： Gaiqmaz da haen gaenh
问　　什么看着近
　　　Caen dwg aeu buj ndaej
　　　真是要不得
　　　Gaiqmaz da haen gyae
　　　什么看着远
　　　Ndaej liuq buj ndaej daengz
　　　得看到不了

Dap： Gazngaeuz da haen gaenh
答　　影子看着近
　　　Caen dwg aeu buj ndaej
　　　真是要不得
　　　Gyangngoenz da haen gyae
　　　太阳看着远
　　　Ndaej liuq buj ndaej daengz
　　　得看到不了

Cam： Meizbaez haet haemh yeij（yieng）
问　　有时早晚探
　　　Meizseiz hwnz ngoenz haen
　　　有时日夜见

Dwg gaiqmaz de aen
    它是个什么
    Gek ngoenz haen buj doengz
    隔日见不同

Dap： Meizbaez haet haemh yeij（yieng）
答 有时早晚探
    Meizseiz hwnz ngoenz haen
    有时日夜见
    Dwg aen ronghndwen caen
    真是个月亮
    Gek ngoenz haen buj doengz
    隔日见不同

Cam： Dwg yienghlawz ceiq gyae
问 是哪样最远
    Dwg yienghlawz ceiq sang
    是哪样最高
    Dwg yienghlawz ceiq gvangq
    是哪样最宽
    Hawj mwngz gangjnaeuz raeuz
    让你告诉咱

Dap： Dwg gyangngoenz ceiq gyae
答 是太阳最远
    Dwg aenmbwn ceiq sang
    是天空最高
    Dwg lajbiengz ceiq gvangq
    是天下最宽
    Dingq gou gangjnaeuz mwngz
    听我告诉你

一、事物篇
It、Swvuz Bien

Cam： Yienghmaz daeuj ceiq gyae
问　什么来最远
　　Yienghmaz bae ceiq vaiq
　　什么去最快
　　Yienghmaz buj meiz lai
　　什么没有多
　　Yienghmaz byaij buj caez
　　什么走不完

Dap： Nditndat daeuj ceiq gyae
答　阳光来最远
　　Dienh cienz bae ceiq vaiq
　　电传去最快
　　Vunzmingh buj meiz lai
　　人命没有多
　　Roenloh byaij buj caez
　　衢路走不完

Cam： Yienghlawz sang roengz daemq
问　哪样高到低
　　Naemj fandauq buj ndaej
　　想返回不得
　　Yienghlawz baez gvaq bae
　　哪样一过去
　　Cungj buj ndaej dauqhoiz
　　总不得回还

Dap： Gij raemx sang roengz daemq
答　水从高到低
　　Naemj fandauq buj ndaej
　　想返回不得

Seizgan baez gvaq bae
时间一过去
Cungj buj ndaej dauqhoiz
总不得回还

Cam： Meiz cien sing fanh sing
问 有千声万声
Dwg sing maz ceiq hung
是何声最大
Meiz cien rungj fanh rungj
有千怀万怀
Dwg rungj maz ceiq bengz
是何怀最（珍）贵

Dap： Meiz cien sing fanh sing
答 有千声万声
Byajraez sing ceiq hung
打雷声最大
Meiz cien rungj fanh rungj
有千怀万怀
Dwg rungj meh ceiq bengz
母怀抱最（珍）贵

Cam： Meiz cien raemx fanh raemx
问 有千水万水
Raemx maz youq ceiq sang
何水位最高
Meiz cien rangz fanh rangz
有千笋万笋
Rangz maz buj did yot
何笋不冒芽

Dap： Meiz cien raemx fanh raemx
答　 有千水万水
　　 Raemxfwn youq ceiq sang
　　 雨水位最高
　　 Meiz cien rangz fanh rangz
　　 有千笋万笋
　　 Rangzrin buj did yot
　　 石笋不冒芽
Cam： Meiz cien haj fanh haj
问　 有千脂万脂
　　 Haj maz buj ok youz
　　 何脂不出油
　　 Meiz cien dou fanh dou
　　 有千门万门
　　 Dou maz hoi buj daengz
　　 何门开不到
Dap： Meiz cien haj fanh haj
答　 有千脂万脂
　　 Hajmoek buj ok youz
　　 脂被不出油
　　 Meiz cien dou fanh dou
　　 有千门万门
　　 Doumbwn hai buj daengz
　　 天门开不到
Cam： Yienghmaz guh rij rieg
问　 什么闪烁状
　　 Ronghdiegdieg cix gvaq
　　 亮灼灼且过

Yienghmaz guh cucaz
什么吵喳喳
Gwnz leu laj caengh dingz
上了下才停

Dap： Byajmeb guh rij rieg
答　闪电闪烁状
　　Ronghdiegdieg cix gvaq
　　亮灼灼且过
　　Fwn doek guh cucaz
　　下雨吵喳喳
　　Gwnz leu laj caengh dingz
　　上了下才停

Cam： Doengxngoenz byaij gvaq gwnz
问　日间走在上
　　Doengxhwnz byaij gvaq laj
　　夜间走在下
　　Caenz mwngz buj roxnaj
　　若你不认识
　　Buj dwg vunz lajbiengz
　　不是天下人

Dap： Doengxngoenz byaij gvaq gwnz
答　日间走在上
　　Doengxhwnz byaij gvaq laj
　　夜间走在下
　　Gyangngoenz gou roxnaj
　　太阳我认识
　　Cungj buj ca gvaq mwngz
　　总不比你差

It、Swvuz Bien
一、事物篇

Cam： Yienghlawz youq gwnzmbwn
问　　哪样在天上
　　　Ngoenz ndoj hwnz okdaeuj
　　　日躲夜出来
　　　Bae youx buj doxnaeuz
　　　走不相告友
　　　Caeg daeuj gizlawz louz
　　　偷来哪里遛

Dap： Ndaundeiq youq gwnzmbwn
答　　星星在天上
　　　Ngoenz ndoj hwnz okdaeuj
　　　日躲夜出来
　　　Bae youx buj doxnaeuz
　　　走不相告友
　　　Caeg daeuj lajbiengz louz
　　　偷来天下遛

Cam： Yienghlawz liuq buj haen
问　　哪样看不见
　　　De caen dwg baujgvei
　　　它真是宝贵
　　　Caenz noix de buj meiz
　　　若少它没有
　　　Lajdeih mingh raeg caez
　　　天下命绝完

Dap： Hoengheiq liuq buj haen
答　　空气看不见
　　　De caen dwg baujgvei
　　　它真是宝贵

```
        Caenz noix de buj meiz
        若少它没有
        Lajdeih mingh raeg caez
        天下命绝完
Cam： Yienghlawz youq gwnzmbwn
问    哪样在天上
        Seiqlengq doq cunz gvaq
        四周都巡过
        Caenz bae buj haen naj
        若去不见面
        Laj lawz rengx cib cingz
        何处旱十成
Dap： Gij fwj youq gwnzmbwn
答    云彩在天上
        Seiqlengq doq cunz gvaq
        四周都巡过
        Caenz bae buj haen naj
        若去不见面
        Lajbiengz rengx cib cingz
        天下旱十成
Cam： Yienghlawz doek roengzbae
问    哪样落下去
        Gvaq hwnz caeq hwnj ma
        夜间再上来
        Yienghlawz laep haen naj
        哪样天黑见
        Gvaq hwnz ra buj meiz
        天亮找没有
```

Dap： Gyangngoenz doek roengzbae
答　太阳落下去
　　　Gvaq hwnz caeq hwnj ma
　　　夜间再上来
　　　Ndaundeiq laep haen naj
　　　星星天黑见
　　　Gvaq hwnz ra buj meiz
　　　天亮找没有

（Caet）Deihleix
（七）地理

Cam： Meiz cien daemz fanh daemz
问　有千塘万塘
　　　Daemz lawz buj meiz bya
　　　哪塘没有鱼
　　　Meiz cien bya fanh bya
　　　有千山万山
　　　Bya lawz buj meiz fwnz
　　　哪山没有柴

Dap： Meiz cien daemz fanh daemz
答　有千塘万塘
　　　Daemz mboek buj meiz bya
　　　旱塘没有鱼
　　　Meiz cien bya fanh bya
　　　有千山万山
　　　Bya'ndoq buj meiz fwnz
　　　秃山没有柴

Cam： Meiz cien raemx fanh raemx
问　有千山万水
　　　Maz raemx buj meiz bya
　　　何水没有鱼
　　　Meiz cien va fanh va
　　　有千花万花
　　　Maz va liuq buj mingz
　　　何花看不明
Dap： Meiz cien raemx fanh raemx
答　有千水万水
　　　Cingjraemx buj meiz bya
　　　井水没有鱼
　　　Meiz cien va fanh va
　　　有千花万花
　　　Dava liuq buj mingz
　　　眼花看不明
Cam： Meiz cien reih fanh reih
问　有千地万地
　　　Reih lawz buj canj haeux
　　　何地不产米
　　　Meiz cien laeuz fanh laeuz
　　　有千楼万楼
　　　Laeuz lawz buj youq vunz
　　　何楼不住人
Dap： Meiz cien reih fanh reih
答　有千地万地
　　　Reihhuengq buj canj haeux
　　　荒地不产米

一、事物篇 It、Swvuz Bien

　　　　Meiz cien laeuz fanh laeuz
　　　　有千楼万楼
　　　　Sinqlaeuz buj youq vunz
　　　　蜃楼不住人
Cam： Gaiqmaz ndaem gvaq maeg
问　　什么比墨黑
　　　　Gaiqmaz laeg gvaq haij
　　　　什么比海深
　　　　Gaiqmaz lai gvaq namh
　　　　什么比土多
　　　　Gaiqmaz hamj gvaq biengz
　　　　什么越过地
Dap： Duza ndaem gvaq maeg
答　　乌鸦比墨黑
　　　　Aenyangz laeg gvaq haij
　　　　大洋比海深
　　　　Ganz raemx lai gvaq namh
　　　　那水比土多
　　　　Aenmbwn hamj gvaq biengz
　　　　天空越过地
Cam： Yienghlawz de buj doengz
问　　哪样它不同
　　　　Cungj ra cung roengz laj
　　　　总是往下冲
　　　　Yienghlawz dwg de vaq
　　　　哪样是它化
　　　　Cungj ra cung dauq gwnz
　　　　总是往上冲

Dap： Dwg gij raemx buj doengz
答　是那水不同
　　　Cungj ra cung roengz laj
　　　总是往下冲
　　　Gij sui dwg de vaq
　　　水汽是它化
　　　Cungj ra cung dauq gwnz
　　　总是往上冲

Cam： Dwg yienghlawz ceiq nuenz
问　是哪样最碎
　　　Suenq yienghlawz ceiq mbaeu
　　　算哪样最轻
　　　Dang yienghlawz ceiq daeuz
　　　当哪样最大
　　　Maeuz yienghlawz ceiq siengz
　　　谋哪样最上

Dap： Dwg gij raemx ceiq nuenz
答　是那水最碎
　　　Suenq gij rumz ceiq mbaeu
　　　算那风最轻
　　　Dang vuengzdaeq ceiq daeuz
　　　当皇帝最大
　　　Maeuz hingfuk ceiq siengz
　　　谋幸福最上

It、Swvuz Bien
一、事物篇

（Bet） Seizlingh
（八）时令

Cam： Gaiqmaz baez rom rim
问　 什么一积满
　　 Caemh dimj bi hongzdaenx
　　 也磕岁轰响
　　 Gaiqmaz baez yungh caenh
　　 什么一用尽
　　 Aen bi de caemh caez
　　 那年它也完

Dap： Saedceij baez rom rim
答　 日子一积满
　　 Caemh dimj bi hongzdaenx
　　 也磕岁轰响
　　 Mbawlig baez yungh caenh
　　 日历一用尽
　　 Aen bi de caemh caez
　　 那年它也完

Cam： Ndwenndwen de youq laeng
问　 月月它在后
　　 Ndwenndwen de daengz gonq
　　 月月它先到
　　 Hawj mwngz siengq baenz donq
　　 让你想一顿
　　 Hanh conh duenz buj dawz
　　 冒汗猜不着

Dap： Ndwenndwen de youq laeng
答 月月它在后
　　　Ndwenndwen de daengz gonq
　　　月月它先到
　　　Buj yungh siengq baenz donq
　　　不用想一顿
　　　Ndaep co'it onj dawz
　　　晦朔稳猜着

Cam： Saenlig cibngeih ndwen
问 新历十二月
　　　Gij ndwen meiz samcib
　　　哪月有三十
　　　Samcib'it gij ndwen
　　　三十一（在）哪月
　　　Dwg ndwen lawz dwg bingz
　　　是哪月是平

Dap： Saenlig cibngeih ndwen
答 新历十二月
　　　Seiq ndwen meiz samcib
　　　四月有三十
　　　Samcib'it caet ndwen
　　　三十一（在）七月
　　　Dwg ndwen ngeih bingzbingz
　　　是二月平平

Cam： Saenlig cibngeih ndwen
问 新历十二月
　　　Ndwen lawz daih doxriengz
　　　哪月大相随

　　　　Doengzcaez youq lajbiengz
　　　　一起在天下
　　　　Siengq buj rox caemh nanz
　　　　想不知也难
Dap： Saenlig cibngeih ndwen
答　　新历十二月
　　　　Caet bet ndwen daih riengz
　　　　七八月大随
　　　　Doengzcaez youq lajbiengz
　　　　一起在天下
　　　　Gou siengq cix dwg daengz
　　　　我想就想到
Cam： Yienghlawz cing buj deiz
问　　哪样牵不着
　　　　Buj yaeng'yei cix bae
　　　　不吭声且去
　　　　Yienghlawz dangj buj ndaej
　　　　哪样挡不得
　　　　Bae daengz lawz caengh dingz
　　　　去到哪才停
Dap： Seizgan cing buj deiz
答　　时间牵不着
　　　　Buj yaeng'yei cix bae
　　　　不吭声且过
　　　　Raemxdah dangj buj ndaej
　　　　河水挡不得
　　　　Bae daengz haij caengh dingz
　　　　去到海才停

(Gouj) Vunzsaeh
(九)人事

Cam: Gunghyinz guh yienghmaz
问 工人做什么
　　Dangj naj da caengh ndaej
　　挡脸眼才得
　　Nungzminz guh yienghlawz
　　农民做哪样
　　Yamq baenaj buj baenz
　　迈向前不成
Dap: Gunghyinz guh dienhhanh
答 工人做电焊
　　Ancienz dangj naj da
　　安全挡脸眼
　　Nungzminz bae ndaem naz
　　农民去插秧
　　Yamq baenaj buj baenz
　　迈向前不成
Cam: Meiz cien saw fanh saw
问 有千书万书
　　Saw maz aeu buj ndaej
　　何书要不得
　　Meiz cien saeh fanh saeh
　　有千事万事
　　Maz saeh buj ndaej guh
　　何事不得做

Dap： Meiz cien saw fanh saw
答 有千书万书
　　　Diensaw aeu buj ndaej
　　　天书要不得
　　　Meiz cien saeh fanh saeh
　　　有千事万事
　　　Vaihsaeh buj ndaej guh
　　　坏事不得做

Cam： Yungh buenq miux seizgan
问 用半秒时间
　　　Hawj bak mbanj hemq caez
　　　让百姓全喊
　　　Mwngz gangj dwg maz saeh
　　　你讲是何事
　　　Caengh ndaej guh daengz yiengh
　　　才做到那样

Dap： Yungh buenq miux seizgan
答 用半秒时间
　　　Hawj bak mbanj hemq caez
　　　让百姓全喊
　　　Haeuj laep dingz dienh saeh
　　　入夜停电事
　　　Caengh ndaej guh daengz yiengh
　　　才做到那样

Cam： Gaiqmaz sang gvaq bya
问 什么比山高
　　　Gaiqmaz maj gvaq meh
　　　什么比母长

Gaiqmaz ndei gvaq veh

什么比画好（看）

Gaiqmaz ceq gvaq doiz

什么比别（的）扯

Dap：Aenmbwn sang gvaq bya

答　天空比山高

Cukrangz maj gvaq meh

竹笋比母长

Lwgsau ndei gvaq veh

女子比画好（看）

Daihvaz ceq gvaq doiz

奢华比别（的）扯

Cam：Gaiqmaz byaij roen gwnz

问　什么走路上

Gaiqmaz byaij roen laj

什么走路下

Gak boux roen gak gvaq

各人路各走

Doxcaj baenz buj baenz

相等成不成

Dap：Gyangngoenz byaij roen gwnz

答　太阳走路上

Lwgvunz byaij roen laj

人走在路下

Gak boux roen gak gvaq

各人路各走

Doxcaj dwg buj baenz

相等是不成

Cam： Vuengzdaeq dai nij naex
问　　皇帝死于内
　　　Iu'gvaiq daej gvaq rok（rog）
　　　妖怪啼于外
　　　Caenz mwngz duenz buj ok
　　　若你猜不出
　　　Dwg doksaw（doegsaw）vaihngaenz
　　　浪费钱读书

Dap： Bouxvunz ninz riep naex
答　　人睡蚊帐内
　　　Duznyungz daej gvaq rok（rog）
　　　蚊子啼于外
　　　Swnz gou duenz ndaej ok
　　　现我猜得出
　　　Doksaw（doegsaw）buj vaihngaenz
　　　读书未浪费（钱）

Cam： Yienghlawz saek faenmingz
问　　哪样色分明
　　　Hwnzlawz dingz buj bae
　　　怎么停不去
　　　Hwnzlawz bae caengh ndaej
　　　怎么去才得
　　　Haej lauxbiuj naeuz raeuz
　　　给老表告（诉）咱

Dap： Gyaudoeng saek faenmingz
答　　交通（灯）色分明
　　　Daeng nding dingz buj bae
　　　灯红停不去

Daeng loeg bae caengh ndaej
灯绿才得去
Haej mwngz dingq gou naeuz
让你听我说

Cam：Dwg yienghlawz goengfou
问　是哪样功夫
Cungjdwg youq gwnz daengz
总是在头上
Mwngz caeq bonjsaeh gaengq
你本事再强
Laengj ra de bangcoh
还找它帮助

Dap：Dwg feixbyoem goengfou
答　是理发功夫
Cungjdwg youq gwnz daengz
总是在头上
Mwngz caeq bonjsaeh gaengq
你本事再强
Laengj ra de bangcoh
还找它帮助

Cam：Dwg gaiqmaz de bei
问　它是什么年
Ngauqyinq feiz gvaq ma
奥运火过来
Maenq lawz dingjgvajgvaj
哪处顶呱呱
Dienyah doq dien caez
天下全都知

Dap： Ngeih lingz lingz bet bei
答　二〇〇八年
　　　Ngauqyinq feiz gvaq ma
　　　奥运火过来
　　　Cungguek dingjgvajgvaj
　　　中国顶呱呱
　　　Dienyah doq riuzmingz
　　　天下都驰名

（Cib）Yinzlunz
（十）人伦

Cam： Dwg gaiqmaz ceiq lingz
问　是什么最灵
　　　Dwg gaiqmaz ceiq singq（swng）
　　　是什么最圣
　　　Dwg gaiqmaz ceiq bingz
　　　是什么最平
　　　Cingj lauxbiuj naeuz raeuz
　　　请老表告（诉）咱
Dap： Dwg bouxvunz ceiq lingz
答　是人最灵通
　　　Gohyozgyah ceiq singq（swng）
　　　科学家最圣
　　　Dwg suijmen ceiq bingz
　　　是水面最平
　　　Lauxbiuj dingq gou naeuz
　　　老表听咱讲

(Cib'it) Hingzdij
（十一）形体

Cam：Dungx bongq youq doeklaeng
  问   肚臜在后面
         Satlaeng bae gaxgonq
         脊后朝前去
         Hawj mwngz naemj baenz donq
         让你想一顿
         Buj rox gou son mwngz
         不知我教你

Dap：Dungx bongq youq doeklaeng
  答   臜肚在后面
         Satlaeng bae gaxgonq
         脊背朝前去
         Buj caeq naemj baenz donq
         不用想一顿
         Meh son naeuz gahengz
         妈说是脚胫

Cam：Gaiq noh youq nij congh
  问   肉块在洞里
         Ndaej hongj buj ndaej aeu
         触得要不得
         Hawj mwngz gangj ok daeuj
         给你讲出来
         Naeuz raeuz dwg yienghlawz
         告（诉）咱是哪样

It、Swvuz Bien
一、事物篇

Dap： Gaiq noh youq nij congh
答　　块肉在洞里
　　　Ndaej bungq buj ndaej aeu
　　　触得要不得
　　　Swnz gou gangj ok daeuj
　　　现我讲出来
　　　Naeuz dwg diuz linx vunz
　　　说是人舌头

Cam： Yienghlawz caeq bonjsaeh
问　　哪样再本事
　　　Cungj buj ndaej gag cup
　　　总自嗅不得
　　　Caenz mwngz siengq buj lup
　　　若你想不及
　　　Hup bak buj ndaej hoiz
　　　闭口不得回

Dap： Ndaeng caeq meiz bonjsaeh
答　　鼻再有本事
　　　Cungj buj ndaej gag cup
　　　总自嗅不得
　　　Gou siengq cungj ndaej lup
　　　我总想得及
　　　Bak buj hup saek baez
　　　口不闭一次

Cam： Yienghlawz caeq bonjsaeh
问　　哪样再本事
　　　Cungj buj ndaej gag riz
　　　总自舔不得

Mwngz buj naemj lai dij
你不想多点
Buj yungzyiz duenz dawz
不容易猜着

Dap： Linx caeq meiz bonjsaeh
答　舌再有本事
Cungj buj ndaej gag riz
总自舔不得
Gou ngamjngamj naemj dij
我刚刚想点
Caen yungzyiz duenz dawz
真容易猜着

Cam： Gaiqmaz haj beixnuengx
问　什么五兄弟
Iq hung doengzcaez youq
大小在一起
Caemh gyaeuj ninz lumj mou
像猪并头睡
Boux ung boux raeujrumh
相焐暖烘烘

Dap： Fajdin haj beixnuengx
答　脚趾五兄弟
Iq hung doengzcaez youq
大小在一起
Caemh gyaeuj ninz lumj mou
像猪并头睡
Boux ung boux raeujrumh
相焐暖烘烘

一、事物篇 It、Swvuz Bien

Cam： Boux lawz cib beixnuengx
问　哪十个兄弟
　　　Cungj buj rox doxdaeuq
　　　总不会相斗
　　　Caeq guh naek guh mbaeu
　　　再做重（活）做轻（活）
　　　Cienzbouh daeuj okrengz
　　　全部来帮助
Dap： Song fwngz cib beixnuengx
答　两手十兄弟
　　　Cungj buj rox doxdaeuq
　　　总不会相斗
　　　Caeq guh naek guh mbaeu
　　　再做重（活）做轻（活）
　　　Cienzbouh daeuj okrengz
　　　全部来帮助
Cam： Boux lawz song beixnuengx
问　哪个两兄弟
　　　Gvaq lawz cungj doengzcaez
　　　去哪总一起
　　　Caeq bae gaenh bae gyae
　　　去近或去远
　　　Cungj buj ndaej doxliz
　　　总不得相离
Dap： Song ga song beixnuengx
答　两足两兄弟
　　　Gvaq lawz cungj doengzcaez
　　　去哪总一起

Caeq bae gaenh bae gyae
去近或去远
Cungj buj ndaej doxliz
总不得相离

Cam： Meiz cien giuz fanh giuz
问　有千桥万桥
　　　Giuz lawz byaij buj ndaej
　　　何桥走不得
　　　Meiz cien maex fanh maex
　　　有千树万树
　　　Maex maz va nanz bungz
　　　何树花难逢

Dap： Meiz cien giuz fanh giuz
答　有千桥万桥
　　　Giuzndaeng byaij buj ndaej
　　　鼻桥走不得
　　　Meiz cien maex fanh maex
　　　有千树万树
　　　Maexfaz va nanz bungz
　　　铁树花难逢

Cam： Yienghlawz cib beixnuengx
问　哪样十兄弟
　　　Hung iq meiz haj doiq
　　　大小有五对
　　　Ranz youq gek gongh ndoi
　　　家住隔座坡
　　　Haihoih caengh doengzcaez
　　　开会才一起

Dap： Song fwngz cib beixnuengx
答　两手十兄弟
　　　Hung iq meiz haj doiq
　　　大小有五对
　　　Ranz youq gek gongh ndoi
　　　家住隔座坡
　　　Haihoih caengh doengzcaez
　　　开会才一起

Cam： Mbiengjmbiengj haj beixnuengx
问　每边五兄弟
　　　Doxung youq gvaq ciuh
　　　相焐过一世
　　　Buj ndaej byaij doxliuq
　　　不得走相看
　　　Caeq hiuj doq nanz dawz
　　　再强都难对

Dap： Mbiengjmbiengj haj beixnuengx
答　每边五兄弟
　　　Doxung youq gvaq ciuh
　　　相焐过一世
　　　Buj ndaej byaij doxliuq
　　　不得走相看
　　　Ciuq duenz ga cib ngiengz
　　　照猜脚十指

Cam： Maz ngez maex dok nga
问　何树蘖生枝
　　　Meiz nga sang nga daemq
　　　有权高权低

    Mwngz geq gvaq bae laemz

    你均数过去

    Sang daemq geijlai hoz

    高低多少节

Dap：Mbiengj fwngz le dok nga

答 一只手生杈

    Meiz nga sang nga daemq

    有权高权低

    Gou geq gvaq bae laemz

    我均数过去

    Sang daemq cibseiq hoz

    高低十四节

Cam：Song raep haz bangx dat

问 崖旁两苫草

    Vat（vad）hwnj caeq vat（vad）roengz

    扇上再扇下

    Caenz duenz siengq buj doeng

    若猜想不通

    Bae ranz coengh cam meh

    回家问母亲

Dap：Song raep haz bangx dat

答 崖旁两苫草

    Vat（vad）hwnj caeq vat（vad）roengz

    扇上再扇下

    Dwg bwnda buj loeng

    是睫毛不错

    Buj yungh coengh cam meh

    不用问母亲

Cam： Cieng le youq mbiengj swix
问　一张在左边
　　Cieng le youq mbiengj gvaz
　　一张在右边
　　Daengz dai buj haen naj
　　至死不见面
　　Dwg mazyiengh naeuz raeuz
　　是哪样告（诉）咱

Dap： Cieng le youq mbiengj swix
答　一张在左边
　　Cieng le youq mbiengj gvaz
　　一张在右边
　　Daengz dai buj haen naj
　　至死不见面
　　Buj gvaq dwg song rwz
　　不过是两耳

Cam： Aen ndoi lawz meiz haz
问　哪座坡有草
　　Baez yax ra vunz gvej
　　一莆找人割
　　Maihcaiq mwngz caeq req
　　即使你再强
　　Gag gvej buj yiz vunz
　　自割不如人

Dap： Aen ndoigyaeuj meiz haz
答　坡头有茅草
　　Baez yax ra vunz gvej
　　一莆找人割

Maihcaiq mwngz caeq req
即使你再强
Gag gvej buj yiz vunz
自割不如人

（Cibngeih） Vunz Miz Mingz
（十二）名人

Cam： Gaxgonq eng guhcaemz
问　　从前孩童玩
　　　Meiz boux doek raemxungq
　　　有人落水缸
　　　Dwg boux lawz dub ungq
　　　是哪个砸缸
　　　Ungq huq caengh lemq mingh
　　　缸破才遗命
Dap： Gaxgonq eng guhcaemz
答　　从前孩童玩
　　　Meiz boux doek raemxungq
　　　有人落水缸
　　　Swhmaj Gvangh dub ungq
　　　司马光砸缸
　　　Ungq huq caengh lemq mingh
　　　缸破才遗命
Cam： Dwg gaiqmaz de nienz
问　　它是什么年
　　　Boux lawz sien hwnj mbwn
　　　哪个先上天

   Naengh gaiqmaz bae cunz
   坐什么去巡
   Lajmbwn doq yangzmingz
   天下都扬名

Dap： It gouj roek it nienz
答 一九六一年
   Gyalinz sien hwnj mbwn
   加林先上天
   Naengh feihconz bae cunz
   坐飞船去巡
   Lajmbwn doq yangzmingz
   天下都扬名

Cam： Yinghyungz dwg boux laez
问 是哪个英雄
   Ndaej hwnj mbwn bae liuh
   得上天遨游
   Yaengx maz hawj vunz liuq
   举何给人看
   Lauxbiuj mwngz naeuz gou
   老表你告（诉）咱

Dap： Yinghyungz Yangz Liqveij
答 英雄杨利伟
   Mbin hwnj mbwn bae liuh
   飞上天遨游
   Yaengx geiz hawj vunz liuq
   举旗给人看
   Lauxbiuj dingq gou naeuz
   老表听我说

（Cibsam） Yihsiz
（十三）衣饰

Cam： Yienghlawz de caeq yaez
问　哪样它再差
　　　Cungj ndaej youq siengzveiz
　　　总得在上位
　　　Yienghlawz de caeq ndei
　　　哪样它再好
　　　Cungj ceiq youq lajcaengz
　　　总得在下层
Dap： Aenmauh de caeq yaez
答　帽子它再差
　　　Cungj ndaej youq siengzveiz
　　　总得在上位
　　　Doiq haiz de caeq ndei
　　　鞋子它再好
　　　Cungj ceiq youq lajcaengz
　　　总得在下层
Cam： Yienghlawz yaez rox ndei
问　哪样差或好
　　　Vunz itdingh ceiq caez
　　　人一定置齐
　　　Noix de bae buj ndaej
　　　少它去不得
　　　Meiz de bae caengh baenz
　　　有它才去成

It、Swvuz Bien
一、事物篇

Dap: Buhvaq yaez rox ndei
答　衣服差或好
　　Vunz itdingh ceiq caez
　　人一定置齐
　　Noix de bae buj ndaej
　　少它去不得
　　Meiz de bae caengh baenz
　　有它去才成

Cam: Yienghlawz moq rox gaeuq
问　哪样新或旧
　　Daengz seizlawz aeu ra
　　到何时要找
　　Caenz buj meiz de maz
　　若没有它来
　　Baenz ma gub henz feiz
　　像狗蜷火畔

Dap: Bunz moeg moq rox gaeuq
答　被子新或旧
　　Daengz seiznit aeu ra
　　到冷时要找
　　Caenz buj meiz de maz
　　若没有它来
　　Daihgya gub henz feiz
　　大家蜷火畔

Cam: Yienghlawz ndang congh caengq
问　哪样身洞穿
　　Daengz seizlawz aeu ceiq
　　到何时要置

Buj meiz de baujvei
　　　　没有它保卫
　　　　Ceiq yienghlawz haep vunz
　　　　该哪样咬人
Dap：Bunz riep ndang congh caengq
答　　蚊帐身洞穿
　　　　Daengz seizndat aeu ceiq
　　　　到热时要置
　　　　Buj meiz de baujvei
　　　　没有它保卫
　　　　Ceiq duznyungz haep vunz
　　　　该蚊子咬人

（Cibseiq） Yinjsiz
（十四）饮食

Cam：Meiz cien naz fanh naz
问　　有千田万田
　　　　Naz maz buj ndaem haeux
　　　　何田不种稻
　　　　Meiz cien laeuj fanh laeuj
　　　　有千酒万酒
　　　　Laeuj maz buj roengz congz
　　　　何酒不上桌
Dap：Meiz cien naz fanh naz
答　　有千田万田
　　　　Nazgyu buj ndaem haeux
　　　　盐田不种稻

一、Swvuz Bien
一、事物篇

  Meiz cien laeuj fanh laeuj
  有千酒万酒
  Laeujai buj roengz congz
  酒糟不上桌

Cam：Nditndat naz cix raemx
问 天晴田有水
  Nitcaem naz cix hawq
  天冷田且干
  Caenz mwngz cai buj dawz
  若你猜不着
  Uengjfeiq gwn gyu youz
  枉费吃盐油

Dap：Nditndat naz cix raemx
答 天晴田有水
  Nitcaem naz cix hawq
  天冷田且干
  Duenz lauzcieg cix dawz
  猜油脂且对
  Buj feiq gwn gyu youz
  没（枉）费吃盐油

Cam：Gaiqmaz reuq geij bi
问 什么萎几年
  Raemx caemz biz lumj gaeuq
  水浸肥像旧（原来）
  Gaiqmaz de baez nyaeuq
  什么它一皱
  Ra lumj gaeuq nanz meiz
  找像旧（原来）难有

Dap： Moegngaex reuq geij bi
答　木耳萎几年
　　　　Raemx caemz biz lumj gaeuq
　　　　水浸肥像旧（原来）
　　　　Boux vunz naj baez nyaeuq
　　　　人的脸一皱
　　　　Ra lumj gaeuq nanz meiz
　　　　找像旧（原来）难有

Cam： Gaiqmaz van gvaq diengz
问　什么比糖甜
　　　　Gaiqmaz rongh gvaq bieng (hai)
　　　　什么比月（亮）亮
　　　　Gaiqmaz henj gvaq gieng
　　　　什么比姜黄
　　　　Hawj mwngz siengq nanz hoiz
　　　　给你想难回

Dap： Dangzrwi van gvaq diengz
答　蜂蜜比糖甜
　　　　Gyangngoenz rongh gvaq bieng (hai)
　　　　太阳比月（亮）亮
　　　　Vabyaek henj gvaq gieng
　　　　菜花比姜黄
　　　　Buj siengq doq hoiz dawz
　　　　不想都（能）答对

Cam： Yienghlawz ciengzseiz ceij (cawj)
问　哪样时常煮
　　　　Meiz saej haex buj haen
　　　　有瓢不见屎

138

Yienghlawz ciengzseiz haen
　　　哪样时常见
　　　Buj aeu faen guh gyez
　　　不要籽做种
Dap：Gvafaeg ciengzseiz ceij（cawj）
答　冬瓜时常煮
　　　Meiz saej haex buj haen
　　　有瓤不见屎
　　　Gaeusawz ciengzseiz haen
　　　薯藤时常见
　　　Buj aeu faen guh gyez
　　　不要籽做种

（Cibhaj）Faenzsaeh
（十五）文事

Cam：Yienghlawz meiz bonjsaeh
问　哪样有本事
　　　De dungxsaej buj lai
　　　它学问不多
　　　Caen lingzloengz gaeuq gvai
　　　真玲珑够乖
　　　Aeu naiz bienq baenz vah
　　　要涎（沫）变成话
Dap：Suijbit meiz bonjsaeh
答　水笔有本事
　　　De dungxsaej buj lai
　　　它学问不多

Caen lingzloengz gaeuq gvai
真玲珑够乖
Aeu naiz bienq baenz vah
要涎（沫）变成话

Cam： Yozsiz cungj meiz sae
问　学习总有师
　　　Yienghlawz dwg sae'ngaem
　　　哪样是哑师
　　　Boux vunz cungj meiz saem
　　　个人总有心
　　　Rox boux lawz saemsoh
　　　知哪人心慈

Dap： Yozsiz cungj meiz sae
答　学习总有师
　　　Swdenj dwg sae'ngaem
　　　字典是哑师
　　　Boux vunz cungj meiz saem
　　　个人总有心
　　　Rox meh raeuz saemsoh
　　　知咱母心慈

Cam： Meiz cien bit fanh bit
问　有千笔万笔
　　　Bit maz buj yungh maeg
　　　何笔不用墨
　　　Meiz cien saek fanh saek
　　　有千色万色
　　　Saek maz nyumx vunzvaih
　　　何色染坏人

Dap： Meiz cien bit fanh bit
答　　有千笔万笔
　　　Bitfaz buj yungh maeg
　　　铁笔不用墨
　　　Meiz cien saek fanh saek
　　　有千色万色
　　　Saekcingz nyumx vunzvaih
　　　情色染坏人

Cam： Yienghlawz de lingh gak
问　　哪样它另样
　　　Youq bakdou naj nding
　　　在门口脸红
　　　Haen yiengh youh haen gingj
　　　见样又见景
　　　Haen vah sing buj meiz
　　　闻言没有声

Dap： Doiqlienz de lingh gak
答　　对联它另样
　　　Youq bakdou naj nding
　　　在门口脸红
　　　Haen yiengh youh haen gingj
　　　见样又见景
　　　Haen vah sing buj meiz
　　　闻言没有声

Cam： Yienghlawz de lingh gak
问　　哪样它另样
　　　Bak soem dungx cix raez
　　　嘴尖肚且长

Gwn gaiqmaz roengzbae
吃什么下去
Caeq ok bak dauq boiz
再出口还回

Dap: Suijbit de lingh gak
答　水笔它另样
　　Bak soem dungx cix raez
　　嘴尖肚且长
　　Gwn mwzsuij roengzbae
　　吃墨水下去
　　Caeq ok bak dauq boiz
　　再出口还回

（Cibroek）Cwngqcwz
（十六）政策

Cam: Cunghyangh dingh samnungz
问　中央定三农
　　It nungz dwg gaiqmaz
　　一农是什么
　　Ngeih nungz dwg yienghlawz
　　二农是哪样
　　Sam nungz dwg yienghmaz
　　三农是什么
Dap: Cunghyangh dingh samnungz
答　中央定三农
　　It nungz dwg nungzyez
　　一农是农业

Ngeih nungz dwg nungzcon
二农是农村
Sam nungz dwg nungzminz
三农是农民

Cam： Cunghyangh dingh samnungz
问 中央定三农
Nungzyez hwnzlawz suenq
农业怎么算
Nungzcon hwnzlawz naemj
农村怎么想
Nungzminz hwnzlawz guh
农民怎么做

Dap： Cunghyangh dingh samnungz
答 中央定三农
Nungzyez aeu fatgyienj
农业要发展
Nungzcon aeu gaijbienq
农村要改变
Nungzminz sien duet gungz
农民先脱贫

Cam： Gangj Sam Aen Daibiuj
问 讲三个代表
Dwg diuz laez diuz laez
是哪条哪条
Lauxbiuj meiz bonjsaeh
老表有本事
Haej mwngz gangjnaeuz gou
给你告诉咱

Dap： Gangj Sam Aen Daibyauj
答　讲三个代表
　　　Daibyauj guek fazcanj
　　　代表国发展
　　　Daibyauj faenz cenzcin
　　　代表文前进
　　　Daibyauj minz leih'ik
　　　代表民利益
Cam： Dwg gaiqmaz niengan
问　是什么年间
　　　Gak ranz bau naz reih
　　　各家包田地
　　　Dwg gaiqmaz de bei
　　　它是什么年
　　　Veihfuz gauj dayoz
　　　恢复考大学
Dap： Dwg bet lingz niengan
答　是八十年代
　　　Gak ranz bau naz reih
　　　各家包田地
　　　Caet caet nienz seizseiz
　　　是1977年
　　　Veihfuz gauj dayoz
　　　恢复考大学

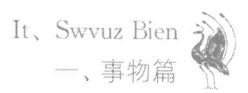

（Cibcaet）Soqliengh
（十七）数量

Cam：Ngoenz ngeihcibseiq seiz
问　（一）日二十四（小）时
　　Daengz seiz cung cix roq
　　到时钟且敲
　　Lauxbiuj rox buj rox
　　老表知不知
　　Gungh roq geijlai baez
　　共敲多少次

Dap：Ngoenz ngeihcibseiq seiz
答　（一）日二十四（小）时
　　Daengz seiz cung cix roq
　　到时钟且敲
　　Mwngz duenz gou cix rox
　　你猜我且知
　　Gungh roq bak bet baez
　　共敲（一）百八（十）次

Cam：Ngoenz ngeihcibseiq seiz
问　（一）日二十四（小）时
　　Seizseiz cung byaij bae
　　时时钟走去
　　Cam mwngz dwg seizlaez
　　问你是何时
　　Sam cim doengzcaez dap
　　三针搭一起

Dap： Ngoenz ngeihcibseiq seiz
答　（一）日二十四（小）时
　　　Seizseiz bae buj dingz
　　　时时走不停
　　　Daengz cibngeih diemj cingq
　　　到十二点整
　　　Sam cim bingz doxdap
　　　三针相搭平

（Cibbet） Fanghvei

（十八）方位

Cam： Co geij ronghndwen veuq
问　　初几（月初）月亮缺
　　　Veuq cienq dauq mbiengj laez
　　　缺面在哪边
　　　Cienq doeng hoz cienq sae
　　　面向东或西
　　　Haej lauxbiuj naeuz gou
　　　老表告诉咱
Dap： Co geij ronghndwen veuq
答　　初几（月初）月亮缺
　　　Veuq cienq dauq mbiengj doeng
　　　缺面在东边
　　　Caenz gou duenz dwg loeng
　　　若我猜是错
　　　Dwg vunzsoengz cib cingz
　　　十成是庸人

一、事物篇
It、Swvuz Bien

Cam： Ngeih geij ronghndwen veuq
问　　廿几（月末）月亮缺
　　　Veuq cienq dauq mbiengj laez
　　　缺面在哪边
　　　Cienq doeng hoz cienq sae
　　　面向东或西
　　　Haej lauxbiuj naeuz gou
　　　老表告诉咱

Dap： Ngeih geij ronghndwen veuq
答　　廿几（月末）月亮缺
　　　Veuq cienq dauq mbiengj sae
　　　缺面在西边
　　　Lauxbiuj mwngz dingq raez
　　　老表你聆听
　　　Baezbaez doq duenz dawz
　　　每次都猜着

Cam： Haen swix youq mbiengjbaek
问　　见左在北边
　　　Bakaek doiq mwnq laez
　　　胸口对哪处
　　　Haen gvaz youq mbiengjsae
　　　见右在西边
　　　Mwnq laez youq doiqmienh
　　　哪处在对面

Dap： Haen swix youq mbiengjbaek
答　　见左在北边
　　　Bakaek doiq mwnq doeng
　　　胸口对东处

Haen gvaz youq mbiengjsae
见右在西边
Mwnq namz youq doiqmienh
南处在对面

（Cibgouj） Nguxhengz
（十九）五行

Cam： Swnz gangj daengz nguxhengz
问　现讲到五行
　　　Dwg gaiqmaz seng feiz
　　　是什么生火
　　　Gap baenz cih maz sei（saw）
　　　结成什么字
　　　Duenz buj deiz buj baenz
　　　猜不着不成
Dap： Swnz gangj daengz nguxhengz
答　现讲到五行
　　　Enggai maex seng feiz
　　　应该木生火
　　　Gap baenz cih cwz sei（saw）
　　　结成个燊字
　　　Duenz deiz buj loeng baenz
　　　猜着没有错
Cam： Swnz gangj daengz nguxhengz
问　现讲到五行
　　　Dwg gaiqmaz seng namh
　　　是什么生土

一、事物篇 It、Swvuz Bien

　　　Cam gap baenz maz sei
　　　问结成何字
　　　Aeu cingqheiq naeuz gou
　　　要正式告（诉）咱
Dap： Swnz gangj daengz nguxhengz
答　　现讲到五行
　　　Enggai feiz seng namh
　　　应该火生土
　　　Feiz gap namh baenz saeuq
　　　火结土成灶
　　　Gou cingqheiq naeuz mwngz
　　　我正式告（诉）你
Cam： Swnz gangj daengz nguxhengz
问　　现讲到五行
　　　Dwg gaiqmaz seng gim
　　　是什么生金
　　　Gap baenz cih sei gim
　　　结成何字卿
　　　Siengq imq menh hoiz gou
　　　想够慢回咱
Dap： Swnz gangj daengz nguxhengz
答　　现讲到五行
　　　Enggai namh seng gim
　　　应该土生金
　　　Gap baenz do ge gim
　　　结成钍呗卿
　　　Ngaz cim iq gaiq gou
　　　别小视我辈

Cam： Swnz gangj daengz nguxhengz
　问　　现讲到五行
　　　　Dwg gaiqmaz seng raemx
　　　　是什么生水
　　　　Caeq gap baenz cih gaemq
　　　　再结成何字
　　　　Naemj rox cix hoiz gou
　　　　想到且回咱

Dap： Swnz gangj daengz nguxhengz
　答　　现讲到五行
　　　　Enggai gim seng raemx
　　　　应该金生水
　　　　Gou naemj haen cih ganq
　　　　我想到淦字
　　　　Cungj buj nanz ndaej gou
　　　　总不难倒咱

Cam： Swnz gangj daengz nguxhengz
　问　　现讲到五行
　　　　Dwg gaiqmaz seng maex
　　　　是什么生木
　　　　Gap baenz cih sei laez
　　　　结成哪个字
　　　　Haej mwngz vaiq hoiz gou
　　　　给你快回咱

Dap： Swnz gangj daengz nguxhengz
　答　　现讲到五行
　　　　Enggai raemx seng maex
　　　　应该水生木

　　　　Gap ndaej baenz cih muk
　　　　结得成沐字
　　　　Cungj buj fugsaw mwngz
　　　　总不服输你
Cam： Swnz gangj daengz nguxhengz
问　　现讲到五行
　　　　Enggai maz haek gim
　　　　应该何克金
　　　　Gap baenz cih sei gaemq
　　　　结成哪个字
　　　　Hawj mwngz naemj hoiz gou
　　　　给你想回咱
Dap： Swnz gangj daengz nguxhengz
答　　现讲到五行
　　　　Enggai feiz haek gim
　　　　应该火克金
　　　　Naemj haen baenz cih huj
　　　　想到成钬字
　　　　Gou rox cix hoiz mwngz
　　　　我知且回你
Cam： Swnz gangj daengz nguxhengz
问　　现讲到五行
　　　　Enggai maz haek maex
　　　　应该何克木
　　　　Dwg yienghlawz haek namh
　　　　是哪样克土
　　　　Gou cam mwngz cix hoiz
　　　　我问你且回

Dap： Swnz gangj daengz nguxhengz
答　现讲到五行

　　　Enggai gim haek maex
　　　应该金克木

　　　Dwg yiengh maex haek namh
　　　是那木克土

　　　Mwngz cam gou rox hoiz
　　　你问我知回

Cam： Swnz gangj daengz nguxhengz
问　现讲到五行

　　　Enggai maz haek raemx
　　　应该何克水

　　　Dwg yiengh gaemq haek feiz
　　　是什么克火

　　　Hawj geij veiz hoiz gou
　　　给几位回咱

Dap： Swnz gangj daengz nguxhengz
答　现讲到五行

　　　Enggai namh haek raemx
　　　应该土克水

　　　Dwg yiengh raemx haek feiz
　　　是那水克火

　　　Deiz buj deiz geij veiz
　　　对不对几位

(Ngeihcib) Gancei
(二十) 干支

Cam：Swnz gangj daengz deihcei
问　现讲到地支
　　　Ceij caez maz roek hap
　　　子和何六合
　　　Ceij maz saen doxgap
　　　子何申相结
　　　Heuh maz hap caengh dawz
　　　叫何合才对
Dap：Swnz gangj daengz deihcei
答　现讲到地支
　　　Ceij caez couj roek hap
　　　子和丑六合
　　　Ceij saenz saen doxgap
　　　子辰申相结
　　　Heuh sam hap caengh dawz
　　　叫三合才对
Cam：Swnz gangj daengz deihcei
问　现讲到地支
　　　Yinz cei caez maz hap
　　　寅支与何合
　　　Yinz maz swt doxgap
　　　寅何戌相结
　　　Heuh maz hap caengh dawz
　　　叫何合才对

Dap： Swnz gangj daengz deihcei
答 现讲到地支
　　　Yinz cei caez haih hap
　　　寅支和亥合
　　　Yinz ngux swt doxgap
　　　寅午戌相结
　　　Heuh sam hap dap dawz
　　　叫三合答对

Cam： Swnz gangj daengz deihcei
问 现讲到地支
　　　Maux cei caez maz hap
　　　卯支与何合
　　　Maux maz haih doxgap
　　　卯何亥相结
　　　Heuh maz hap caengh dawz
　　　叫何合才对

Dap： Swnz gangj daengz deihcei
答 现讲到地支
　　　Maux cei caez swt hap
　　　卯支和戌合
　　　Maux meih haih doxgap
　　　卯未亥相结
　　　Heuh sam hap caengh dawz
　　　叫三合才对

Cam： Swnz gangj daengz deihcei
问 现讲到地支
　　　Saenz cei caez maz hap
　　　辰支与何合

Haih maz couj doxgap

亥何丑相结

Heuh maz dap caengh dawz

叫何答才对

Dap：Swnz gangj daengz deihcei

答　现讲到地支

Saenz cei caez youx hap

辰支和酉合

Haih ceij couj doxgap

亥子丑相结

Heuh sam hoiz dap dawz

叫三会答对

Cam：Swnz gangj daengz deihcei

问　现讲到地支

Ceih cei caez maz hap

巳支与何合

Yinz maz saenz doxgap

寅何辰相结

Heuh maz dap caengh dawz

叫何答才对

Dap：Swnz gangj daengz deihcei

答　现讲到地支

Ceih cei caez saen hap

巳支和申合

Yinz maux saenz doxgap

寅卯辰相结

Heuh sam hoiz dap dawz

叫三会答对

Cam： Swnz gangj daengz deihcei
问　现讲到地支
　　Ngux cei caez maz hap
　　午支与何合
　　Ceih maz meih doxgap
　　巳何未相结
　　Heuh maz dap caengh dawz
　　叫何答才对

Dap： Swnz gangj daengz deihcei
答　现讲到地支
　　Ngux cei caez meih hap
　　午支和未合
　　Ceih ngux meih doxgap
　　巳午未相结
　　Heuh sam hoiz dap dawz
　　叫三会答对

Cam： Swnz gangj daengz deihcei
问　现讲到地支
　　Ceih maz couj sam hap
　　巳何丑三合
　　Saen maz swt doxgap
　　申何戌相结
　　Heuh maz dap caengh dawz
　　叫何答才对

Dap： Swnz gangj daengz deihcei
答　现讲到地支
　　Ceih youx couj sam hap
　　巳酉丑三合

　　　　Saen youx swt doxgap
　　　　申酉戌相结
　　　　Heuh sam hoiz dap dawz
　　　　叫三会答对
Cam：Swnz gangj daengz diengan
问　　现讲到天干
　　　　Duenz mwngz caemh nanz dap
　　　　猜你也难答
　　　　Gap caez geij doxgap
　　　　甲和己相结
　　　　Heuh maz hap dap dawz
　　　　叫何合答对
Dap：Swnz gangj daengz diengan
答　　现讲到天干
　　　　Duenz gou buj nanz dap
　　　　猜我不难答
　　　　Gap caez geij doxgap
　　　　甲和己相结
　　　　Heuh ngux hap dap dawz
　　　　叫五合答对
Cam：Swnz gangj daengz diengan
问　　现讲到天干
　　　　Duenz mwngz caemh nanz dap
　　　　猜你也难答
　　　　Iet caez geng doxgap
　　　　乙和庚相结
　　　　Heuh maz dap caengh dawz
　　　　叫何答才对

Dap： Swnz gangj daengz diengan
答　现讲到天干
　　　Cam gou buj nanz dap
　　　问我不难答
　　　Iet caez geng doxgap
　　　乙和庚相结
　　　Heuh ngux hap dap dawz
　　　叫五合答对

Cam： Swnz gangj daengz diengan
问　现讲到天干
　　　Duenz mwngz caemh nanz dap
　　　猜你也难答
　　　Bingj caez sin doxgap
　　　丙和辛相结
　　　Heuh maz dap caengh dawz
　　　叫何答才对

Dap： Swnz gangj daengz diengan
答　现讲到天干
　　　Cam gou buj nanz dap
　　　问我不难答
　　　Bingj caez sin doxgap
　　　丙和辛相结
　　　Heuh ngux hap dap dawz
　　　叫五合答对

Cam： Swnz gangj daengz diengan
问　现讲到天干
　　　Duenz mwngz caemh nanz dap
　　　猜你也难答

    Ding caez nyaemz doxgap
    丁和壬相结
    Heuh maz dap caengh dawz
    叫何答才对

Dap：Swnz gangj daengz diengan
答 现讲到天干
    Cam gou buj nanz dap
    问我不难答
    Ding caez nyaemz doxgap
    丁和壬相结
    Heuh ngux hap dap dawz
    叫五合答对

Cam：Swnz gangj daengz diengan
问 现讲到天干
    Duenz mwngz caemh nanz dap
    猜你也难答
    Fouh caez gveiq doxgap
    戊和癸相结
    Heuh maz dap caengh dawz
    叫何答才对

Dap：Swnz gangj daengz diengan
答 现讲到天干
    Cam gou buj nanz dap
    问我不难答
    Fouh caez gveiq doxgap
    戊和癸相结
    Heuh ngux hap dap dawz
    叫五合答对

(Ngeihcib'it) Gizhiz
（二十一）其他

Cam： Hwnzlawz dwg veiz cingz
问　　怎样是为净
　　　Hwnzlawz dingh veiz nuk
　　　怎样定为聩
　　　Hwnzlawz suenq veiz suk
　　　怎样算为熟
　　　Hwnzlawz fuk caengh baenz
　　　怎样服才成

Dap： Da buj haen veiz cingz
答　　眼不见为净
　　　Dingq buj haen veiz nuk
　　　听不见为聩
　　　Buj ndip suenq veiz suk
　　　不生算为熟
　　　Dwg leix fuk caengh baenz
　　　是理服才成

Ngeih、Faenzcih Bien
二、文字篇

Cam：Song gonj namh doxdap
问　两块土相搭
　　Cap meiz geijlai conq
　　拃有多少寸
　　Song diemj raemx doxgyonj
　　两点水相撮
　　Baenz gonj maz nanz cieg
　　成块何难融
Dap：Duenz cih fungz cungj deiz
答　猜封字总对
　　Song gonj namh meiz conq
　　两块土有寸
　　Song diemj raemx doxgyonj
　　两点水相撮
　　Baenz gonj bing nanz cieg
　　成块冰难融
Cam：Meiz boux mwg ang'aj
问　有女不懂事
　　Ndonj haeuj laj goek gyaj
　　穿入禾根下
　　Hwnz ngoenz caez fangz raq
　　日夜和鬼混

　　　　　Dwg maz cih naeuz raeuz
　　　　　何字告诉咱
　Dap：Meiz boux mwg ang'aj
　答　　有女不懂事
　　　　　Ndonj haeuj laj goek gyaj
　　　　　穿入禾根下
　　　　　Hwnz ngoenz caez fangz raq
　　　　　日夜和鬼混
　　　　　Ra cih veiq naeuz mwngz
　　　　　找魏字告（诉）你
　Cam：Mbiengj le dwg lwgmwg
　问　　一边是女子
　　　　　Mbiengj le dwg lwgsai
　　　　　一边是男子
　　　　　Liglaiz cungj doxai
　　　　　历来总相爱
　　　　　Cam gvai dwg cih maz
　　　　　问你是何字
　Dap：Mbiengj le dwg lwgmwg
　答　　一边是女子
　　　　　Mbiengj le dwg lwgsai
　　　　　一边是男子
　　　　　Liglaiz cungj doxai
　　　　　历来总相爱
　　　　　Naeuz gvai dwg cih ndei
　　　　　告（诉）你是好字
　Cam：Cib'it boux lwgmwg
　问　　十一个女子

二、文字篇

  Dwg maz cih ni gvai
  你说是何字
  Cibbet boux lwgsai
  十八个男子
  Duenz gvai dwg cih maz
  你猜是何字

Dap： Cib'it boux lwgmwg
答 十一个女子
  Dwg gan cih ni gvai
  是奸字呢乖
  Cibbet boux lwgsai
  十八个男子
  Naeuz gvai dwg cih leix
  告（诉）你是李字

Cam： Dwg cih gaiqmaz sei
问 是个什么字
  Seiq aen bak doxriengz
  四个口相连
  Dwg gaiqmaz de yiengz
  它是什么羊
  Diuz rieng buj dauq rog
  尾巴不往外

Dap： Gou hongz dwg dienz sei
答 我说是田字
  Seiq aen bak doxriengz
  四个口相连
  Gou hongz dwg lwgyiengz
  我说是羔羊

Diuz rieng buj dauq rog
尾巴不往外

Cam: Ngoenz bae haw ceiq haeux
问　今上街买米

Gaen haeux guh song mben
（一）斤米包两包

Moix mben geijlai cienz
每包多少钱

Cingj menhmenh naeuz gou
请慢慢告（诉）咱

Dap: Ngoenz bae haw ceiq haeux
答　今上街买米

Gaen haeux guh song mben
（一）斤米包两包

Moix mben hajcib cienz
每包五十钱

Cingj menhmenh dingq naeuz
请慢慢听讲

Cam: Maenq cix hai dienhdaeng
问　此且开电灯

Baih cix naengj duengj feiz
彼且燃篝火

Raeuz cam mwngz geij veiz
咱问你几位

Ngeix liuq yienghlawz rongh
想看哪样亮

Dap: Maenq cix hai dienhdaeng
答　此且开电灯

　　　　　Baih cix naengj duengj feiz
　　　　　彼且燃篝火
　　　　　Raeuz naeuz mwngz geij veiz
　　　　　咱告（诉）你几位
　　　　　Daengfeiz doengzcaez rongh
　　　　　灯火一起亮
Cam： Duzmoz ndwn diuz maex
问　　黄牛站木条
　　　　　Dauqdaej cih maz gvai
　　　　　到底是何字
　　　　　Diuz maex song vunz rai
　　　　　（一）木条（上）两人行
　　　　　Gvai duenz dwg cih maz
　　　　　你猜是何字
Dap： Duzmoz ndwn diuz maex
答　　黄牛站木上
　　　　　Ndaej cih seng naeuz gvai
　　　　　得生字告（诉）你
　　　　　Diuz maex song vunz rai
　　　　　（一）木条（上）两人行
　　　　　Naeuz gvai dwg cih gyaz
　　　　　告（诉）你是丛字
Cam： Duzmax meiz song bak
问　　马有两张嘴
　　　　　Buj dwg gou gak haen
　　　　　不是我独见
　　　　　Caeq meiz bonjsaeh maenh
　　　　　再有强本事

Siengsaenq nanz dap dawz
相信难答对

Dap： Duzmax meiz song bak
答　　马有两张嘴

Bak fanh vunz doq haen
百万人都见

Raeuz bonjsaeh buj maenh
咱本事不强

Sienghsaenq ndaq cix dawz
相信骂且对

Cam： Aeu geijlai diuz maex
问　　要多少条木

Doq aen cingj caengh ndaej
打个井才得

Cingj geijlai vunz bae
请多少人去

Caengh ndaej guh mbwn baenz
才做得成天

Dap： Dingh aeu seiq diuz maex
答　　定要四条木

Doq aen cingj caengh ndaej
打个井才得

Aeu cingj song vunz bae
要请二人去

Caengh ndaej guh mbwn baenz
才做得成天

Cam： Baengzyoux geijlai ndwen
问　　朋友多少月

Gou dwenz（duenz）cam mwngz gvai
我猜问你呢
Fou meiz vunz geijlai
夫有多少人
Cingj vaiq dij daphoiz
请快点回答

Dap： Baengzyoux meiz song ndwen
答 朋友有两月
Mwngz dwenz（duenz）gou dap ngaih
你猜我答易
Fou song vunz buj lai
夫二人不多
Gou caemh vaiq daphoiz
我也快回答

Cam： Cib gya it ndaej maz
问 十加一得何
Sam gya it ndaej maz
三加一得何
Buj dwg luenh cam mwngz
不是乱问你
Mwngz duenz dawz cix baenz
你猜着且成

Dap： Cib gya it ndaej namh
答 十加一得土
Sam gya it ndaej vangz
三加一得王
Caenz bungq vunz naennuengq
若碰无知人

Uengjfeiq mwngz ok daez
　　　　枉费你出题
Cam： Cih lawz meiz bet bak
问　　哪字有八口
　　　　Buj dwg gou gag rox
　　　　不是我自知
　　　　Swnz dawz cih bet yoz
　　　　现拿八字移
　　　　Rox laengj meiz buj meiz
　　　　知还有没有
Dap： Cih duz meiz bet bak
答　　只字有八口
　　　　Buj dwg mwngz gag rox
　　　　不是你自知
　　　　Swnz dawz cih bet yoz
　　　　现拿八字移
　　　　Rox laengj meiz bak dog
　　　　知还有独口
Cam： Ndoengmaex geijlai go
问　　森林多少树
　　　　Cam mwngz rox buj rox
　　　　问你知不知
　　　　Van gung geijlai goz
　　　　弯弓多少曲
　　　　Mwngz rox cix naeuz gou
　　　　你知告诉咱
Dap： Ndoengmaex meiz haj go
答　　森林五棵树

Mwngz cam gou cungj rox
你问我总知
Van gung cibngeih goz
弯弓十二曲
Gou rox cix naeuz mwngz
我知告诉你

Cam： Hawj mwngz roek gyaenh maex
问　给你六截木
　　　Aeu gya ndaej sam cib
　　　要加得三十
　　　Mwngz caeq menhmenh rib
　　　你再慢慢收
　　　Rib baij geijlai cih
　　　捡摆多少字

Dap： Mwngz hawj roek gyaenh maex
答　你给六截木
　　　Gya ndaej baenz cih veiq
　　　加得成卉字
　　　Mwngz gangj deiz buj deiz
　　　你讲对不对
　　　Baij meiz hau da naz
　　　摆有白目田

Cam： Aeu haj diuz ngatfeiz
问　要五根火柴
　　　Deiz bae baij cih sei
　　　拿去摆汉字
　　　Caenz mwngz bonjsaeh meiz
　　　若你有本事

　　　　　Baij seiqcib liuq baez
　　　　　摆四十看（一）次
Dap：Aeu haj diuz ngatfeiz
答　　要五根火柴
　　　　　Deiz bae baij cih sei
　　　　　拿去摆汉字
　　　　　Gou baij itdingh deiz
　　　　　我摆一定对
　　　　　Baenz cih seiq doxriengz
　　　　　成册字相连
Cam：Aeu laj buj baenz gwnz
问　　要下上不成
　　　　　Aeu gwnz buj baenz laj
　　　　　要上下不成
　　　　　Cih lawz cek ok ma
　　　　　哪字折出来
　　　　　Gya it baenz song cih
　　　　　加一成两字
Dap：Aeu laj buj baenz gwnz
答　　要下不成上
　　　　　Aeu gwnz buj baenz laj
　　　　　要上不成下
　　　　　Cih gaj cek ok ma
　　　　　卡字折出来
　　　　　Gya it baenz laj gwnz
　　　　　加一成下上
Cam：Gya it cix baenz byai
问　　加一且成末

Lai it cix baenz goek

多一且成本

Buj yungh sim fanjfoek

心不用反覆

Naemjmoeg doq duenz dawz

默想都猜着

Dap： Gya it cix baenz byai
答　加一且成末

　　　Lai it cix baenz goek

　　　多一且成本

　　　Gou buj yungh fanjfoek

　　　我不用反覆

　　　Naemjmoeg dwg cih maex

　　　默想是木字

Cam： Cih saw meiz roek veh
问　此字有六画

　　　Vehveh doq dwg soh

　　　每画都是直

　　　Roek aen bak doxdoq

　　　六个口相搭

　　　Mwngz rox dwg cih maz

　　　你知是何字

Dap： Cih saw meiz roek veh
答　此字有六画

　　　Vehveh doq dwg soh

　　　每画都是直

　　　Roek aen bak doxdoq

　　　六个口相搭

　　　　　Gou rox dwg cih giz
　　　　　我知是曲字
　Cam：Vunz caez moz doengzcaez
　　问　人与牛一起

　　　　　Cih laez gangj naeuz gou
　　　　　哪字告诉咱
　　　　　Geijlai vunz faetcaeuz
　　　　　多少人结仇
　　　　　Hawj mwngz naeuz mingzbeg
　　　　　给你讲明白
　Dap：Vunz caez moz doengzcaez
　　答　人与牛一起
　　　　　Ndaej cih gienh ok daeuj
　　　　　得件字出来
　　　　　Gouj boux vunz faetcaeuz
　　　　　九个人结仇
　　　　　Dingq gou naeuz mingzbeg
　　　　　听我讲明白
　Cam：Boux vunz meiz conq sang
　　问　一人有寸高
　　　　　Gou gangj mwngz buj saenq
　　　　　我讲你不信
　　　　　Meiz cih de caencaen
　　　　　它有字真真
　　　　　Siengq haen cix naeuz gou
　　　　　想到告诉咱
　Dap：Boux vunz meiz conq sang
　　答　一人有寸高

Mwngz gangj gou caemh saenq
你讲我也信
Dwg cih fouq caencaen
是付字真真
Swnz siengq haen naeuz mwngz
现想（到）告诉你

Cam：Ma bit roekcibhaj
问　狗鸭六十五
　　Geq ga song bak it
　　数脚两百一
　　Cam mwngz ma caez bit
　　问你狗和鸭
　　Ityiengh geijlai duz
　　各有多少只

Dap：Ma bit roekcibhaj
答　狗鸭六十五
　　Geq ga song bak it
　　数脚两百一
　　Bit meiz ngeihcibhaj
　　鸭有二十五
　　Ma meiz seiqcib duz
　　狗有四十只

Cam：Boux vunz meiz bonjsaeh
问　一人有本事
　　Hwnj dingjmaex bae naengh
　　上木顶去坐
　　Cih maz siengq buj daengz
　　何字想不到

```
            Laengj guh gaiqmaz vunz
            还做什么人
Dap： Boux vunz meiz bonjsaeh
 答   一人有本事
            Hwnj dingjmaex bae naengh
            上木顶去坐
            Cih aen gou siengq daengz
            此字我想到
            Caengh ndaej dap dawz mwngz
            才得答对你
Cam： Cih lawz gya it bet
 问   何字加一撇
            Ret doq baenz cib bak
            俄时成一千
            Cih lawz gya sam veh
            何字加三画
            Ngamq ndaej bak le dog
            才独得一百
Dap： Cih cib gya it bet
 答   十字加一撇
            Ret doq baenz cib bak
            俄时成一千
            Cih bak gya sam veh
            口字加三画
            Ngamq ndaej bak le dog
            才独得一百
Cam： Song aen ndwen doxriengz
 问   两个月相连
```

　　　　Mwngz siengq rox buj rox
　　　　你想知不知
　　　　Song aen ngoenz doxdoq
　　　　两个日相搭
　　　　Siengq rox cix naeuz gou
　　　　想通告诉咱
Dap： Cih yungh riengz song ndwen
答　　用字连两月
　　　　Mwngz dwen gou cix rox
　　　　你提我且知
　　　　Song aen ngoenz doxdoq
　　　　两个日相搭
　　　　Rox cih naz naeuz mwngz
　　　　知田字告（诉）你
Cam： Cih lawz meiz cien bet
问　　哪字有千八
　　　　Gemj bae bet lw cien
　　　　减去八剩千
　　　　Cih lawz ngamq meiz bien
　　　　哪字只有边
　　　　Nei cienzbouh byouq caez
　　　　内全部空完
Dap： Cih gyaj meiz cien bet
答　　禾字有千八
　　　　Gemj bae bet lw cien
　　　　减去八剩千
　　　　Cih lingz ngamq meiz bien
　　　　〇字只有边

Nei cienzbouh byouq caez
　　　　内全部空完
Cam： Cih lawz gemj it demj
问　　哪字减一点
　　　　Laengj lemq cib aen cien
　　　　还剩十个千
　　　　Cih lawz gya diuz sienq
　　　　哪字加条线
　　　　Bienqbaenz dienh daeuj yungh
　　　　变成电来用
Dap： Cih fueng gemj it demj
答　　方字减一点
　　　　Laengj lemq cib aen cien
　　　　还剩十个千
　　　　Cih saed gya diuz sienq
　　　　日字加条线
　　　　Bienqbaenz dienh daeuj yungh
　　　　变成电来用
Cam： Cih lawz meiz bet gok
问　　哪字有八角
　　　　Gokgok goujcib doh
　　　　每角九十度
　　　　Caenz lauxbiuj buj rox
　　　　若老表不知
　　　　Daeuj coh gou naeuz mwngz
　　　　过来我告（诉）你
Dap： Cih veiz meiz bet gok
答　　回字有八角

Gokgok goujcib doh
每角九十度
Mwngz duenz gou cix rox
你猜我且知
Buj sinhoj mwngz naeuz
不辛苦你说

Cam： Duz roeg maz meiz heuj
问 什么鸟有牙
Heuj buj youq nij bak
牙不在口内
Duz roeg maz fouz bak
什么鸟无口
Diuz linx gag dauq rog
舌头往外搁

Dap： Duzroega meiz heuj
答 乌鸦有牙齿
Heuj buj youq nij bak
牙不在口内
Duzroeggvaz fouz bak
鹄鸟无嘴巴
Diuz linx gag dauq rog
舌头往外搁

Cam： Meiz cien cih fanh cih
问 有千字万字
Meiz cih le naek haenq
有一字甚重
Cukcuk meiz it gaen
足足有一斤

    Caenz mwngz rox cix naeuz
    若你知且说

Dap：Meiz cien cih fanh cih
答 有千字万字

    Dwg cih nomq naek haenq
    是丘字甚重

    Cukcuk meiz it gaen
    足足有一斤

    Buj saenq dingq gou naeuz
    不信听我说

Cam：Seiqbuenz fung reprij
问 四周封严密

    Cih cib youq nij naex
    十字在里面

    Vah gou gangjnaeuz caez
    话我全讲完

    Buj ndaej duenz cih dienz
    不得猜田字

Dap：Seiqbuenz fung reprij
答 四周封严密

    Cih cib youq nij naex
    十字在于内

    Vah gou naeuz nij caez
    话我全告（诉）你

    Ndaej cih ya daphoiz
    得✢字回答

Cam：Cib bak caeq cib bak
问 十口再十口

Song cih gak buj doengz
两字各不同
Caenz mwngz duenz buj loeng
若你没猜错
Suenq dwg coengmingz vunz
算是聪明人

Dap： Cib bak caeq cib bak
答　十口再十口
Maex naz gak buj doengz
叶田各不同
Caenz gou duenz dwg loeng
若我猜是错
Buj suenq coengmingz vunz
不算聪明人

Cam： Yinz gungh yinz yinz gungh
问　人工人人工
Song cih loeng buj ndaej
两字错不得
Caenz lauxbiuj bonjsaeh
若老表本事
Naemj ndei caeq naeuz gou
想好再告（诉）咱

Dap： Yinz gungh yinz yinz gungh
答　人工人人工
Doengz nu loeng buj ndaej
仝巫错不得
Gou buj meiz bonjsaeh
我没有本事

Caemh doq ndaej duenz dawz
也都猜得着

Cam： Song vunz caez sam vunz
问　　二人和三人

　　　Haujlai vunz doq rox
　　　许多人都知

　　　Lauxbiuj caemh buj yoz
　　　老表也不弱

　　　Enggai doq duenz dawz
　　　应该都猜着

Dap： Song vunz caez sam vunz
答　　二人和三人

　　　Yinz sam vunz doq rox
　　　仁仟人都知

　　　Gou bonjlaiz dwg yoz
　　　我本来是弱

　　　Caemh doq dap ndaej dawz
　　　也都答得对

Cam： Haj vunz caez caet vunz
问　　五人和七人

　　　Bouxboux vunz haen gvaq
　　　个个人见过

　　　Lauxbiuj buj suenq ca
　　　老表不算差

　　　Maxsiengz dap naeuz gou
　　　马上回答咱

Dap： Haj vunz caez caet vunz
答　　五人和七人

Ngo va vunz haen gvaq
伍化人见过
Gou bonjlaiz dwg ca
我本来是差
Caemh maxsiengz ndaej hoiz
也马上回得

Cam： Aeu maz bae guh saeu
问　要何去做柱
　　　Aeu maz daeuj guh maeg
　　　要何来做墨
　　　Gou duenz mwngz buj naek
　　　我猜你不重
　　　Laekngaz buj hoiz gou
　　　切勿不回咱

Dap： Aeu maex cuj guh saeu
答　要木主做柱
　　　Aeu namh ndaem guh maeg
　　　要黑土做墨
　　　Mwngz caeq duenz gou naek
　　　你再猜我重
　　　Haekdingh aeu hoiz mwngz
　　　肯定要回你

Cam： gaiqmaz gap baenz fwnz
问　什么结成柴
　　　Haujlai vunz buj rox
　　　许多人不知
　　　Gaiqmaz gap baenz mboq
　　　什么结成泉

　　　　Mwngz rox cix naeuz gou
　　　　你知且告（诉）咱
Dap：Maenq maex gap baenz fwnz
答　　此木结成柴
　　　　Haujlai vunz caemh rox
　　　　许多人也知
　　　　Raemx hau gap baenz mboq
　　　　白水结成泉
　　　　Gou rox cix naeuz mwngz
　　　　我知且告（诉）你
Cam：Gaiqmaz gap baenz rongh
问　　什么结成明
　　　　Mwngz hongz deiz buj deiz
　　　　你说对不对
　　　　Gaiqmaz gap baenz ndei
　　　　什么结成好
　　　　Dap buj deiz caemh nanz
　　　　答不对也难
Dap：Ngoenz ndwen gap baenz rongh
答　　日月结成明
　　　　Gou hongz cix dwg deiz
　　　　我说且是对
　　　　Mwg sai gap baenz ndei
　　　　女子结成好
　　　　Dap deiz caengh bonjsaeh
　　　　答对才本事
Cam：Ut vang caeq ut raez
问　　弯横再弯长

    Sij caez meiz bet gok
    写完有八角
    Buj dwg cih veiz dok（dog）
    不独是回字
    Duenz ok caengh bonjsaeh
    猜出才本事

Dap： Ut vang caeq ut raez
答   弯横再弯长
    Sij caez meiz bet gok
    写完有八角
    Buj dwg cih veiz dok（dog）
    不独是回字
    Duenz ok dwg gumz dod
    猜出是凹凸

Cam： Cih lawz meiz cib maej
问   哪字有十米
    Ok daez haej mwngz duenz
    出题给你猜
    Cih lawz cibngeih ndwen
    哪字十二月
    Mwngz duenz deiz cix baenz
    你猜着且成

Dap： Cih laiz meiz cib maej
答   来字有十米
    Ok daez gou rox duenz
    出题我会猜
    Cih heu cibngeih ndwen
    青字十二月

　　　　　Gou duenz deiz cix ngaih
　　　　　我猜着且易
　Cam：Bak hung gwn bak iq
　问　　大口吃小口
　　　　　Duz iq gwih duz hung
　　　　　小只骑大只
　　　　　Cam mwngz gyoengq beixnuengx
　　　　　问你众兄弟
　　　　　Cungj aeu daphoiz gou
　　　　　总要回答咱
　Dap：Bak hung gwn bak iq
　答　　大口吃小口
　　　　　Duz iq gwih duz hung
　　　　　小只骑大只
　　　　　Naeuz mwngz gyoengq cejnuengx
　　　　　告（诉）你众姐妹
　　　　　Veiz soem cungj dwg dawz
　　　　　回尖总是对
　Cam：Gwnz gyangngoenz ndaem gyaj
　问　　太阳上插秧
　　　　　Mwngz haen buj haen gvaq
　　　　　你见没见过
　　　　　Gwnz ronghndwen cauh naz
　　　　　月亮上造田
　　　　　Haen gvaq cix naeuz gou
　　　　　见过且告（诉）咱
　Dap：Gwnz gyangngoenz ndaem gyaj
　答　　太阳上插秧

Ngeih、Faenzcih Bien
二、文字篇

      Cih yieng gou haen gvaq
      香字我见过
      Gwnz ronghndwen cauh naz
      月亮上造田
      Ra cih veiq naeuz mwngz
      找胃字告（诉）你

Cam： Meh bae ceiq sei diuz
问   母去买丝条
      Daengz maz diemq bae liuq
      到何店去看
      Lwg bae doeg ngeih siuj
      儿去读二小
      Liuq maz baiz caengh dawz
      看何牌才对

Dap： Meh bae ceiq sei diuz
答   母去买丝条
      Daengz dik diemq bae liuq
      到绦店去看
      Lwg bae doeg ngeih siuj
      儿去读二小
      Liuq si baiz caengh dawz
      看示牌才对

Cam： Bet raemj baenz song donh
问   8 截成两段
      Moix donh geijlai soq
      每段多少数
      Cib faen baenz song yoq
      十分成两丘

　　　　Moix yoq meiz lainoix
　　　　每丘有多少
Dap： Bet raemj baenz song donh
答　　8 截成两段
　　　　Moix donh dwg lingz soq
　　　　每段是 0 数
　　　　Cib faen baenz song yoq
　　　　十分成两丘
　　　　Moix yoq meiz it doeg
　　　　每丘独有一
Cam： Hwnj gyangngoenz aeu bya
问　　上太阳要鱼
　　　　Roengz laj naz aeu maex
　　　　下田下要木
　　　　Buj rox roen nanz bae
　　　　不知路难去
　　　　Aeu cih laez daeuj naeuz
　　　　要哪字来说
Dap： Hwnj gyangngoenz aeu bya
答　　上太阳要鱼
　　　　Roengz laj naz aeu maex
　　　　下田下要木
　　　　Gou caemh rox roen bae
　　　　我也知路去
　　　　Yinx luj goj haej mwngz
　　　　指鲁果给你
Cam： It ngoenz nieb guh baenz
问　　一日业做成

Gagsaenq cix gagdien

自信且自知

Seiq veh baenz it cien

四画成一千

Mwngz dien cix naeuz gou

你知且告（诉）咱

Dap： It ngoenz nieb guh baenz

答　一日业做成

Cih cin gou gagdien

晋字我自知

Seiq veh baenz it cien

四画成一千

Dien cih nyaemz naeuz mwngz

知壬字告（诉）你

Cam： Cih maz meiz gouj demj

问　何字有九点

Nem dawz cungj buj gyouz

粘着总不磨

Cih maz meiz bakdou

何字有门口

Youq daengznauq buj liz

存永远不离

Dap： Cih vienz meiz gouj demj

答　丸字有九点

Nem dawz cungj buj gyouz

粘着总不磨

Cih cam meiz bakdou

问字有门口

Youq daengznauq buj liz
存永远不离

Cam： It saux dak ciengq gaen
问　一竿晒张巾

Liuq haen seiq diemj raemx
看见四点水

Raemx buj ndik buj hawq
水不滴不干

Mwngz ngeix dwg cih maz
你想是何字

Dap： It saux dak ciengq gaen
答　一竿晒张巾

Liuq haen seiq diemj raemx
看见四点水

Raemx buj ndik buj hawq
水不滴不干

Gou ngeix dwg cih fwn
我想是雨字

Cam： Go maex dwg caeuhgoeng
问　树木是男公

Aen ndoeng dwg caeuhyah
森林是妇女

Gak boux ndaem gag ha
各种各自霸

Song cih maz naeuz gou
哪两字告（诉）咱

Dap： Go maex dwg caeuhgoeng
答　树木是男公

　　　　Aen ndoeng dwg caeuhyah
　　　　森林是妇女
　　　　Gak boux ndaem gag ha
　　　　各种各自霸
　　　　Soeng lanz ha hek heiz
　　　　松婪呵客嘿
Cam：Cih maz laeu baenz ngaenq
问　　何字削成榫
　　　　Cih maz vaenq baenz congh
　　　　何字挖成洞
　　　　Hawj lauxbiuj mwngz hongz
　　　　给老表你说
　　　　Duenz song ngoenz buj dawz
　　　　猜两天不着
Dap：Cih dod laeu baenz ngaenq
答　　凸字削成榫
　　　　Cih gumz vaenq baenz congh
　　　　凹字挖成洞
　　　　Lauxbiuj dingq gou hongz
　　　　老表听我说
　　　　Duenz song baez dawz caez
　　　　猜两下全对
Cam：Cih lawz ringx bae ndaej
问　　哪字滚得去
　　　　Cih lawz baehbyoem baenz
　　　　哪字发篦成
　　　　Caenz duenz hoiz buj ndaej
　　　　若猜回不得

壮族俗语集成・平果篇・谜歌

　　　　Buj dwg bonjsaeh maenh
　　　　不是本事强

Dap：Cih lingz ringx bae ndaej
答　　〇字滚得去

　　　　Cih seiq baehbyoem baenz
　　　　卌字发篦成

　　　　Caenz gou duenz buj ndaej
　　　　若我猜不得

　　　　Buj dwg bonjsaeh vunz
　　　　不是本事人

Cam：Cih lawz ndwn baenz gwnz
问　　哪字站成上

　　　　Cih lawz laemx baenz laj
　　　　哪字倒成下

　　　　Cih lawz ndwn baenz haj
　　　　哪字站成5

　　　　Cih lawz laemx baenz ngeih
　　　　哪字倒成2

Dap：Cih laj ndwn baenz gwnz
答　　下字站成上

　　　　Cih gwnz laemx baenz laj
　　　　上字倒成下

　　　　Cih ngeih ndwn baenz haj
　　　　2字站成5

　　　　Cih haj laemx baenz ngeih
　　　　5字倒成2

Cam：Song cih it youq gyang
问　　两1字处中

Song cih sam youq bangx
两三字在旁
Cih ni ciengzseiz nyangz
此字时常遇
Mwngz gangj dwg cih maz
你讲是何字

Dap： Song cih it youq gyang
答 两1字处中
Song cih sam youq bangx
两三字在旁
Cih fei ciengzseiz nyangz
非字时常遇
Gou gangj deiz buj deiz
我讲对不对

Cam： It lwg youh ngeih lwg
问 一儿又二儿
Dwg song cih maz saed
实是何两字
Ndwen le youh it saed
一月又一日
Goksaed dwg maz cih
确实是何字

Dap： It lwg youh ngeih lwg
答 一儿又二儿
Dwg bo vienz saedsaed
是兀元实实
Ndwen le youh it saed
一月又一日

Goksaed dwg cih damj

确实是胆字

Cam： Cih lawz cibngeih gok

问　　哪字十二角

　　　Gokgok doxlumj hung

　　　每角一样大

　　　Cih lawz faen song fungz（fwngz）

　　　哪字分两手

　　　Mwngz cungj nanz duenz dawz

　　　你总难猜着

Dap： Cih bingj cibngeih gok

答　　品字十二角

　　　Gokgok doxlumj hung

　　　每角一样大

　　　Cih mbik faen song fungz（fwngz）

　　　掰字分两手

　　　Gou cungj dwg duenz dawz

　　　我总是猜着

Cam： Ranz meiz bet yaenzhaeuj

问　　家有八人口

　　　Raeuz cam dwg cih laez

　　　咱问是哪字

　　　Song vunz ram vunz ndaej

　　　两人抬得人

　　　Haej mwngz caemh nanz duenz

　　　给你也难猜

Dap： Ranz meiz bet yaenzhaeuj

答　　家有八人口

二、文字篇

   Dwg cih gok haeuj daez
   是谷字入题
   Song vunz ram vunz ndaej
   两人抬得人
   Haej gou duenz cih gyoengq
   给我猜众字

Cam： Duz le ceiq youq heiq
问 一只在旱地
   Duz le ceiq youq raemx
   一只在水里
   Song duz youq doxcaemh
   两只在一起
   Naemjsiengq dwg cih maz
   思忖是何字

Dap： Yiengz le ceiq youq heiq
答 一羊在旱地
   Bya le ceiq youq raemx
   一鱼在水里
   Song duz youq doxcaemh
   两只在一起
   Naemjsiengq dwg cih sien
   思忖是鲜字

Cam： Cih gaiqmaz rwz bengz
问 什么字耳贵
   Cih gaiqmaz rengz noix
   什么字力少
   Caenz mwngz buj rox hoiz
   若你不会回

Aeu miz naj doiq vunz

要何脸对人

Dap： Cih nuk dwg rwz bengz

答　聩字是耳贵

　　　Cih yaez dwg rengz noix

　　　劣字是力少

　　　Swnz gou cix rox hoiz

　　　现我且会回

　　　Aeu maz naj doiq vunz

　　　总有脸对人

Cam： Fanh ga ga meiz gak

问　万足足各有

　　　Bak hung bak hamz yuk

　　　口大口含玉

　　　Hawj mwngz siengq caenh uk

　　　给你想尽脑

　　　Duenz buj ok fug gou

　　　猜不出服咱

Dap： Fanh ga ga meiz gak

答　万足足各有

　　　Bak hung bak hamz yuk

　　　口大口含玉

　　　Daen loh aen guek suk

　　　趸路因国熟

　　　Gou cungj buj fug mwngz

　　　我总不服你

Cam： Cih geij caez cih maex

问　几字和木字

Gap ndaej geijlai cih
　　　结得多少字
　　　Yigoj duenz buj deiz
　　　如果猜不对
　　　Suenq dwg saw hawj gou
　　　算是输给咱
Dap： Cih geij caez cih maex
答　　几字和木字
　　　Gap ndaej duj caez geih
　　　结得朵和机
　　　Swnz gou duenz ndaej deiz
　　　现今我猜对
　　　Cungj buj saw hawj mwngz
　　　总不输给你
Cam： Cih bak caez cih cib
问　　口字和十字
　　　Yibhab sam cih sei
　　　结合三个字
　　　Caenz bonjsaeh buj meiz
　　　若没有本事
　　　Mwngz duenz deiz doq noix
　　　你猜着都少
Dap： Cih bak caez cih cib
答　　口字和十字
　　　Yibhab sam cih sei（saw）
　　　结合三个字
　　　Dienz mbaw goj couh dawz
　　　田叶古就对

Bonjsaeh meiz gvaq doih
本事胜别人

Cam： Seiq gyaeuj bya doxcaemh
问 四座山一起

Mwngz naemj dwg cih laez
你想是哪字

Bet aen gyaeuj gak bae
八个头各去

Dwg cih laez naeuz gou
是哪字告（诉）咱

Dap： Seiq gyaeuj bya doxcaemh
答 四座山一起

Naemj cih dienz dawz caez
想田字对完

Bet aen gyaeuj gak bae
八个头各去

Ndaej cih cingj naeuz mwngz
得井字告（诉）你

Cam： Congh laj haen song vunz
问 穴下见二人

Song vunz youh doengz saem
两人又同心

Hawj lauxbiuj mwngz naemj
给老表你想

Song cih gaemq naeuz gou
哪两字告（诉）咱

Dap： Congh laj haen song vunz
答 穴下见二人

Song vunz youh doengz saem
两人又同心
Gou buj yungh caeq naemj
我不用再想
Duenz bomqcok cix dawz
猜看怂且对

Cam： Meiz haeuj caeq dem lwg
问　有口再添儿
Buj dwg duenz cih beix
不是猜兄字
Dwg cih gaiqmaz sei
是个什么字
Siengq ndei menh naeuz gou
想好慢（慢）告（诉）咱

Dap： Meiz haeuj caeq dem lwg
答　有口再添儿
Buj dwg duenz cih beix
不是猜兄字
Enggai dwg cih seiq
应该是四字
Gou siengq ndei naeuz mwngz
我想好告（诉）你

Cam： Yak youq laengq aensaem
问　恶在那个心
Ngaem youq laengq aenbak
哑在那个口
Cih ni caen lingh gak
此字真另样

Dak mwngz duenz buj dawz

量你猜不着

Dap： Yak youq laeng aensaem
答　　恶在那个心

Ngaem youq laeng aenbak

哑在那个口

Cih ya caen lingh gak

亚字真另样

Gou gag rox duenz dawz

我自知猜着

Cam： Gij maex guh maz baenz
问　　木做什么成

Caenz rox cix duenz deiz

若知且猜着

Namh caemh dwg maz ceiq

土也是何制

Duenz buj deiz buj baenz

猜不着不成

Dap： Gij maex guh geiz baenz
答　　木做棋可成

Saenq gou cix duenz deiz

信我且猜着

Namh caemh dwg deiz ceiq

土也是地制

Gou duenz deiz cix baenz

我猜着且成

Cam： Raemx cix ce youq laj
问　　水且放在下

Fagaemz buj meiz gongz
盖子没耳钩
Gwnz naengj feiz song gong
上燃两把火
Mwngz hongz dwg cih maz
你说是何字

Dap： Raemx cix ce youq laj
答　水且放在下
Fagaemz buj meiz gongz
盖子没耳钩
Gwnz naengj feiz song gong
上燃两把火
Gou hongz dwg cih yingz
我说是煐字

Cam： Cih maz noix aen da
问　何字少个目
Cih maz lai vah geiq
何字多句话
Cih maz gaen fouz meiz
何字没有巾
Cih maz meiz rwz dog
何字有独耳

Dap： Cih sengj noix aen da
答　省字少个目
Cih gaeuq lai vah geiq
够字多句话
Cih haemq gaen fouz meiz
帢字没有巾

Cih yuk meiz rwz dog
郁字有独耳

Cam： De caemh naj bangx naeng
问　它也粘肤旁

De caemh daengz hemz naj
它也到脸畔

De caemh youq laj mbaq
它也在肩下

Mwngz duenz dwg maz cih
你猜是何字

Dap： De caemh naj bangx naeng
答　它也粘肤旁

De caemh daengz hemz naj
它也到脸畔

De caemh youq laj mbaq
它也在肩下

Ra cih ndwen dap mwngz
找月字答你

Cam： Cih saw lawz gak lingh
问　哪个字异样

Cingq daengj meiz roek veh
正竖有六画

Meiz gouj veh dwg vang
有九画是横

Cih lawz gangj daphoiz
哪字讲回答

Dap： Cih cingh de gak lingh
答　晶字它异样

Ngeih、Faenzcih Bien
二、文字篇

  Cingq daengj meiz roek veh
  正竖有六画
  Meiz gouj veh dwg vang
  有九画是横
  Gou rox gangj daphoiz
  我知讲回答

Cam： Cih maz diemj riengz laj
问 　何字点连下
  Cih maz diemj diemj hamz
  何字点点咸
  Cih maz diemj diemj sam
  何字点点三
  Cih maz sam sam ngeih
  何字三三二

Dap： Cih beuq diemj riengz laj
答 　卞字点连下
  Cih gemj diemj diemj hamz
  减字点点咸
  Cih lamz diemj diemj sam
  兰字点点三
  Cih fei sam sam ngeih
  非字三三二

Cam： Ciuz gonq bae buj nyangz
问 　朝前去不遇
  Ndang laeng ra buj haen
  躯后找不见
  Yah gwnz buj daeuj gaen
  妻上不跟来

　　　　Caeq maenh doq nanz duenz
　　　　再强都难猜
Dap：Ciuz gonq bae buj nyangz
答　　朝前去不遇
　　　　Ndang laeng ra buj haen
　　　　躯后找不见
　　　　Yah gwnz buj daeuj gaen
　　　　妻上不来跟
　　　　Ndwen saen nij duenz dawz
　　　　月身女猜着
Cam：Cam nei cix buj haen
问　　问里且不见
　　　　Faen laj yiemz dawz bae
　　　　分下已拿去
　　　　Geuz gwnz buj doengzcaez
　　　　剪上不一起
　　　　Sam cih laez naeuz gou
　　　　哪三字告（诉）咱
Dap：Cam nei cix buj haen
答　　问里且不见
　　　　Faen laj yiemz dawz bae
　　　　分下已拿去
　　　　Geuz gwnz buj doengzcaez
　　　　剪上不一起
　　　　Dou bet cax ndaej dawz
　　　　门八刀得对
Cam：Mwngz gonq bae maetriuq
问　　你前去杳然

　　　　Gou laj liuq buj haen
　　　　我下看不见
　　　　Beix gwnz buj doxgaen
　　　　兄上不相跟
　　　　Siengjsaenq nanz duenz dawz
　　　　相信难猜着
Dap： Mwngz gonq bae maetriuq
答　　你前去杳然
　　　　Gou laj liuq buj haen
　　　　我下看不见
　　　　Beix gwnz buj doxgaen
　　　　兄上不相跟
　　　　Wj haj lwg caen dawz
　　　　尔五儿真对
Cam： Gaemxgienz heh buj ce
问　　拳头切不放
　　　　Da swix gvej gvaq vang
　　　　眼左横割过
　　　　Din gvaz buj naj bangx
　　　　趾右不粘旁
　　　　Gangj dwg maz cih sam
　　　　讲是何三字
Dap： Gaemxgienz heh buj ce
答　　拳头切不放
　　　　Da swix gvej gvaq vang
　　　　眼左横割过
　　　　Din gvaz buj naj bangx
　　　　趾右不粘旁

　　　　Gangj fwngz gaenq ga cih
　　　　讲手艮足字
Cam：Cih lawz dwg geizheih
问　　哪字真奇异
　　　　Gap meiz de baenz leix
　　　　甲有它成里
　　　　Gungh meiz de baenz geiz
　　　　共有它成其
　　　　Mbwn buj meiz baenz vunz
　　　　天没它成人
Dap：Cih ngeih dwg geizheih
答　　二字真奇异
　　　　Gap meiz de baenz leix
　　　　甲有它成里
　　　　Gungh meiz de baenz geiz
　　　　共有它成其
　　　　Mbwn buj meiz baenz vunz
　　　　天没它成人
Cam：Cib it cib it dap
问　　十一十一搭
　　　　Gap baenz cih maz cingq
　　　　正结成何字
　　　　Ding haeuj ding haeuj bingq
　　　　丁口丁口拼
　　　　Cingqsik dwg cih maz
　　　　正式是何字
Dap：Cib it cib it dap
答　　十一十一搭

Gap baenz cih gveih cingq
正结成圭字
Ding haeuj ding haeuj bingq
丁口丁口拼
Cingqsik dwg cih go
正式是哥字

Cam：Cingh ngaiz gemj bae sam
问　晶挨减去三
Cam dwg cih maz sei
问是什么字
Seiq ngaiz gemj bae ngeih
四挨减去二
Cih saw maz naeuz gou
何字告（诉）咱

Dap：Cingh ngaiz gemj bae sam
答　晶挨减去三
Gamj gangj dwg bingj sei
敢讲是品字
Seiq ngaiz gemj bae ngeih
四挨减去二
Dap cih bak cix deiz
答口字且对

Cam：Dwg laj cix buj sij
问　是下且不写
Cih gwnz cix buj vek
字上且不画
Gou cam mwngz bouxhek
我问你客人

    Begbeg duenz buj dawz

    白白猜不着

Dap： Dwg laj cix buj sij

答 是下且不写

    Cih gwnz cix buj vek

    字上且不画

    Saedceij hoiz bouxhek

    日子回客人

    Gou begbeg duenz dawz

    我白白猜着

Cam： Dwg cih lawz lingh gak

问 是哪字另样

    Mbak gwnz caemh dwg maex

    砍上也是树

    Mbak laj caemh dwg maex

    砍下也是树

    Haej mwngz duenz nanz dawz

    给你难猜着

Dap： Cih ndoeng dwg lingh gak

答 森字是另样

    Mbak gwnz caemh dwg maex

    砍上也是树

    Mbak laj caemh dwg maex

    砍下也是树

    Haej gou duenz dawz ngaih

    给我易猜着

Cam： Cih saw lawz caujgauj

问 哪个字糟糕

　　　　Duz youq raemx dauq gwnz
　　　　从水到岸上
　　　　Aen youq mbwn dauq laj
　　　　从天上到下
　　　　Ra cih lawz hoiz gou
　　　　找哪字回咱
Dap： Dwg cih luj caujgauj
答　　是鲁字糟糕
　　　　Duzbya raemx dauq gwnz
　　　　鱼从水上岸
　　　　Aen ngoenz mbwn dauq laj
　　　　日从上到下
　　　　Cungj duenz buj ca baez
　　　　总没猜错过
Cam： Cih de dwg maz sei
问　　它是什么字
　　　　Meiz niep youh meiz geng
　　　　有韧又有硬
　　　　Cih lawz cauh buj deng
　　　　哪字造不对
　　　　Raemx ceng buj haeuj naz
　　　　水差（点）不入田
Dap： Cih de dwg boz sei
答　　它是个破字
　　　　Meiz naeng niep rin geng
　　　　有韧皮硬石
　　　　Cih den cauh buj deng
　　　　沺字造不对

Raemx ceng buj haeuj naz
水差（点）不入田

Cam：Gyangngoenz youq gwnzmbwn
问　太阳在天上

Gwnz nit laj ok feiz
上呢下冒火

Gwnz nit fwj dangj deiz
上呢云挡着

Sam cih sei hawj duenz
三个字给猜

Dap：Gyangngoenz youq gwnzmbwn
答　太阳在天上

Gwnz nit laj ok feiz
上呢下出火

Gwnz nit fwj dangj deiz
上呢云挡着

Mbwn rongh raemh dawz caez
昊炅昙着完

Cam：Namh fan raemx dauq gwnz
问　地翻水到上

Mbwn boek ngoenz dauq laj
天覆日到下

Caenz lauxbiuj haen gvaq
若老表见过

Maxsiengz aeu daphoiz
马上要回答

Dap：Namh fan raemx dauq gwnz
答　地翻水到上

Mbwn boek ngoenz dauq laj
天覆日到下
Cih ni gou haen gvaq
此字我见过
Ra cih bap daphoiz
找沓字回答

Cam： Dwg cih lawz gak lingh
问　是哪字另样
　　　Cingq fan naj buj bienq
　　　正反面不变
　　　Fanfoek liuq cungj dien
　　　翻覆看总知
　　　Dienyah noix buj baenz
　　　天下少不成

Dap： Dwg cih haeux gak lingh
答　是米字另样
　　　Cingq fan naj buj bienq
　　　正反面不变
　　　Fanfoek liuq cungj dien
　　　翻覆看总知
　　　Dienyah noix buj ndaej
　　　天下少不得

Cam： Cih lawz meiz haj doiq
问　哪字有五对
　　　Noix it laengj lemq it
　　　少一还剩一
　　　Cih lawz meiz cib it
　　　哪字有十一

Noix it laengj lemq ngeih
　　　　少一还剩二
　Dap： Cih cib meiz haj doiq
　答　　十字有五对
　　　　Noix it laengj lemq it
　　　　少一还剩一
　　　　Cih doj meiz cib it
　　　　土字有十一
　　　　Noix it laengj lemq ngeih
　　　　少一还剩二
　Cam： Cih da yiemq seiq demj（diemj）
　问　　目字欠四点
　　　　Nem haeuj baenz cih laez
　　　　粘入成何字
　　　　Yiemq song demj（diemj）dawz bae
　　　　欠两点拿去
　　　　Caeq dwg gaiqmaz cih
　　　　再是什么字
　Dap： Cih da yiemq seiq demj（diemj）
　答　　目字欠四点
　　　　Nem haeuj baenz cih swh
　　　　粘入成资字
　　　　Yiemq song demj（diemj）gwzcawz
　　　　欠两点革除
　　　　Laengj yawz dwg cih boiq
　　　　还余是貝字
　Cam： Da naj liuq buj haen
　问　　眼前看不见

　　　　Gaen laeng cix buj ma
　　　　跟后且不来
　　　　Saed cix laengj lemq laj
　　　　实且还剩下
　　　　Sam cih maz daeuj hoiz
　　　　哪三字来回
Dap：Da naj liuq buj haen
答　　眼前看不见
　　　　Gaenx laeng cix buj ma
　　　　跟后且不来
　　　　Saed cix laengj lw laj
　　　　实且还剩下
　　　　Gaenq ga gyaeuj daeuj hoiz
　　　　艮足头来回
Cam：Rin doek raemx buj caem
问　　石落水不沉
　　　　Ndaem doek namh cix bienq
　　　　黑落土且变
　　　　Niemh sim bae buj gienq
　　　　念心去不见
　　　　Dien sam cih dwg maz
　　　　知是哪三字
Dap：Rin doek raemx buj caem
答　　石落水不沉
　　　　Ndaem doek namh cix bienq
　　　　黑落土且变
　　　　Niemh sim bae buj gienq
　　　　念心去不见

　　　　　Dien bung maeg caez ngoenz
　　　　　知汆墨和今
　Cam：Cih maz dwg yiengz hung
　问　　何字是大羊
　　　　　Cungzlaiz buj bae ciengx
　　　　　从来不去养
　　　　　Yiengz hung dij lwgyiengz
　　　　　大羊背羔羊
　　　　　Dwg cih maz cix hoiz
　　　　　是何字且回
　Dap：Cih meij dwg yiengz hung
　答　　美字是大羊
　　　　　Cungzlaiz buj bae ciengx
　　　　　从来不去养
　　　　　Yiengz hung dij lwgyiengz
　　　　　大羊背羔羊
　　　　　Dwg cih swnz hoiz mwngz
　　　　　是羹字回你
　Cam：Sim le youq laj laj
　问　　一心在下下
　　　　　Sim le youq laj gwnz
　　　　　一心在下上
　　　　　Gou cam laj cam gwnz
　　　　　我问下问上
　　　　　Swnz hawj mwngz daeuj duenz
　　　　　现给你来猜
　Dap：Sim le youq laj laj
　答　　一心在下下

Sim le youq laj gwnz
一心在上下
Gou rox laj rox gwnz
我知下知上
Swnz aeu daekdaq hoiz
现要忐忑回

Cam: Meiz sim couh meiz yaem
问　有心就有音
　　Meiz raemx couh meiz bya
　　有水就有鱼
　　Meiz max couh meiz ceij
　　有马就有主
　　Siengq ndei menh naeuz gou
　　想好慢（慢）告（诉）咱

Dap: Meiz sim couh meiz yaem
答　有心就有音
　　Meiz raemx couh meiz bya
　　有水就有鱼
　　Meiz max couh meiz ceij
　　有马就有主
　　Eiq dwk youq deiz caez
　　意渔驻全对

Cam: Song bya soem bienq bingz
问　两山尖变平
　　Cingq gyang meiz gaiq naz
　　正中有块田
　　Mwngz haen buj haen gvaq
　　你见没见过

	Ra cih lawz daeuj hoiz
	找哪字来回
Dap：	Song bya soem bienq bingz
答	两山尖变平
	Cingq gyang meiz gaiq naz
	正中有块田
	Gou caemh dwg haen gvaq
	我也是见过
	Ra cih veh hoiz mwngz
	找画字回你
Cam：	Gangj gonq yiemz vit bae
问	讲前已丢去
	Raez laeng yiemz buj geiq
	聆后已不记
	Dauq nei yiemz buj meiz
	回里已没有
	Ceiq sam cih lawz dawz
	制哪三字对
Dap：	Gangj gonq yiemz vit bae
答	讲前已丢去
	Raez laeng yiemz buj geiq
	聆后已不记
	Dauq nei yiemz buj meiz
	回里已没有
	Ceiq cingq rwz bak dawz
	制井耳口对
Cam：	Aeu duj gwnz guh gyaeuj
问	要朵上做头

　　　　Aeu ci laj guh ga
　　　　要支下做脚
　　　　Aeu buh swix dangj naj
　　　　要服左挡面
　　　　Ra cih maz hoiz gou
　　　　找何字回咱
Dap： Aeuz duj gwnz guh gyaeuj
答　　要朵上做头
　　　　Aeu ci laj guh ga
　　　　要支下做脚
　　　　Aeu buh swix dangj naj
　　　　要服左挡面
　　　　Ra cih gumq hoiz mwngz
　　　　找股字回你
Cam： Lajmbwn cix buj haen
问　　天下且不见
　　　　Baenq laeng cix buj nyangz
　　　　转后且不遇
　　　　Bangx roen cix buj bungq
　　　　路旁且不碰
　　　　Iek mwngz cungj nanz duenz
　　　　估计你难猜（着）
Dap： Lajmbwn cix buj haen
答　　天下且不见
　　　　Baenq laeng cix buj nyangz
　　　　转后且不遇
　　　　Bangx roen cix buj bungq
　　　　路旁且不碰

It ci gak cungj dawz
　　　　一车各总对
Cam：Aeu maz namh guh maeg
问　　要何土做墨
　　　　Aeu maz saek guh nongq
　　　　要何色做艳
　　　　Aeu maz maex guh dongh
　　　　要何木做桩
　　　　Aeu maz byongh guh laeuz
　　　　要何半做绊
Dap：Aeu namh ndaem guh maeg
答　　要黑土做墨
　　　　Aeu fung saek guh nongq
　　　　要丰色做艳
　　　　Aeu maex cang guh dongh
　　　　要木庄做桩
　　　　Aeu sei byongh guh laeuz
　　　　要丝半做绊
Cam：Cih lawz cix cib it
问　　哪字且十一
　　　　Cih lawz it it iq
　　　　哪字一一小
　　　　Cih lawz bak cib it
　　　　哪字口十一
　　　　Cih lawz it ngeih vunz
　　　　哪字一二人
Dap：Cih soh cix cib it
答　　直字且十一

　　　　　Cih si it it iq
　　　　　示字一一小
　　　　　Cih haiz bak cib it
　　　　　吐字口十一
　　　　　Cih doengz it ngeih vunz
　　　　　仝字一二人
Cam：Seizsiengq liuq de meiz
问　　思想看它有
　　　　Lienhniemh de buj noix
　　　　恋念它不少
　　　　Naugaen de buj boiq
　　　　脑筋它不配
　　　　Hoiz dawz suenq bonjsaeh
　　　　回对算本事
Dap：Seizsiengq liuq de meiz
答　　思想看它有
　　　　Lienhniemh de buj noix
　　　　恋念它不少
　　　　Naugaen de buj boiq
　　　　脑筋它没配
　　　　Hoiz sim cix dawz caez
　　　　回心且全对
Cam：Diemheiq de meiz leu
问　　吸呼它有了
　　　　Gwn geux noix buj ndaej
　　　　吃嚼少不得
　　　　Rop ndwnj de meiz caez
　　　　喝咽它全有

    Dwg cih laez naeuz gou
    是哪字告（诉）咱
  Dap：Diemheiq de meiz leu
  答 吸呼它有了
    Gwn geux noix buj ndaej
    吃嚼少不得
    Rop ndwnj de meiz caez
    喝咽它全有
    Ndaej cih bak naeuz mwngz
    得口字告（诉）你
  Cam：Cejnuengx de aeu boiq
  问 姐妹它要配
    Gogwiz noix buj baenz
    姑婿少不得
    Gonuengx liuq buj haen
    哥弟看不见
    Saenq mwngz duenz nanz dawz
    信你难猜着
  Dap：Cejnuengx de aeu boiq
  答 姐妹它要配
    Gogwiz noix buj baenz
    姑婿少不得
    Gonuengx liuq buj haen
    哥弟看不见
    Saenq gou duenz nij dawz
    信我猜女着
  Cam：Seiq gyoh maex lumj raez
  问 四截木等长

Baij ndaej geijlai cih

摆得多少字

Hawj mwngz aeu bit sij

给你拿笔写

It cih it cih hoiz

一字一字回

Dap：Seiq gyoh maex lumj raez

答　四截木等长

Baij ndaej cibroek cih

摆得十六字

Swnz gou aeu bit sij

现我拿笔写

It cih it cih hoiz

一字一字回

（谜底：口井丰王爻开爪午壬斤牛女不木介山）

Cam：Sam gyoh maex lumj raez

问　三截木等长

Baij ndaej geijlai cih

摆得多少字

Hawj mwngz aeu bit sij

让你拿笔写

It cih it cih hoiz

一字一字回

Dap：Sam gyoh maex lumj raez

答　三截木等长

Baij ndaej cib it cih

摆得十一字

Swnz gou aeu bit sij
现我拿笔写
It cih it cih hoiz
一字一字回
（谜底：三干千土工川个丫又彳卄）

Cam： Song gyoh maex lumj raez
问 两截木等长
Baij ndaej geijlai cih
摆得多少字
Hawj mwngz aeu bit sij
让你拿笔写
It cih it cih hoiz
一字一字回

Dap： Song gyoh maex lumj raez
答 两截木等长
Ngamq baij ndaej haj cih
只摆得五字
Swnz gou aeu bit sij
现我拿笔写
It cih it cih hoiz
一字一字回
（谜底：二十八人入）

Cam： Darit swix liuq haen
问 眼睛左看见
Saen sik gvaz cix meiz
新析右且有
Git heij cix youq gwnz
吉喜且在上

　　　　Swnz cam hawj mwngz hoiz
　　　　现问给你回
Dap：Darit swix liuq haen
答　　眼睛左看见
　　　　Saen sik gvaz cix meiz
　　　　新析右且有
　　　　Git heij cix youq gwnz
　　　　吉喜且在上
　　　　Swnz dap moeg gaen sw
　　　　现答目斤士
Cam：Aeu maz coenz guh yei
问　　要何言做语
　　　　Ceiq maz maex guh sangz
　　　　买何木做床
　　　　Yungh maz maex guh vang
　　　　用何木做横
　　　　Ra maz gvangq guh demh
　　　　找何广做座
Dap：Aeu coenz gou guh yei
答　　要吾言做语
　　　　Ceiq maex gvangq guh sangz
　　　　买广木做床
　　　　Yungh maex henj guh vang
　　　　用黄木做横
　　　　Ra naengh gvangq guh demh
　　　　找坐广做座
Cam：Cih lawz meiz cib mij
问　　何字有十米

Cih lawz cib bet ndwen

何字十八月

Mwngz dingq gou baez dwen

你听我一提

Maengx duenz ndang doq saenz

没猜身已颤

Dap： Cih laiz meiz cib mij

答　来字有十米

Cih ci cib bet ndwen

胙字十八月

Gou dingq mwngz baez dwen

我听你一提

Rox duenz ndang buj saenz

会猜身不颤

Cam： Yaengx ngamj haen aen'gyaeuj

问　举刚见头部

Maeuq cix buj haen ga

蹲且不见足

Ninz cix yiemz gyuem da

睡且已蒙目

Sam cih maz naeuz gou

哪三字告（诉）咱

Dap： Yaengx ngamj haen aen'gyaeuj

答　举刚见头部

Maeuq cix buj haen ga

蹲且不见足

Ninz cix yiemz gyuem da

睡且已蒙目

　　　　　Ra hingq cunh cuiz hoiz
　　　　　找兴尊垂回
Cam：Naengh de cix youq gwnz
问　　坐它且在上
　　　　　Ndwn de cix youq gvaz
　　　　　站它且在右
　　　　　Byaij de cix youq laj
　　　　　走它且在下
　　　　　Sam cih maz naeuz gou
　　　　　哪三字告（诉）咱
Dap：Naengh de cix youq gwnz
答　　坐它且在上
　　　　　Ndwn de cix youq gvaz
　　　　　站它且在右
　　　　　Byaij de cix youq laj
　　　　　走它且在下
　　　　　Ra coengz ciemq vunz hoiz
　　　　　找从占人回
Cam：Liuq dah buj haen raemx
问　　看河不见水
　　　　　Liuq daemz buj haen namh
　　　　　看塘不见土
　　　　　Liuq gamj buj haen bya
　　　　　看岩不见山
　　　　　Ra sam cih maz hoiz
　　　　　找哪三字回
Dap：Liuq dah buj haen raemx
答　　看河不见水

Liuq daemz buj haen namh
看塘不见土
Liuq gamj buj haen bya
看岩不见山
Ra goj dangz rin hoiz
找可唐石回

Cam：Gyaeuj gwnz cix buen leu
问　头上且搬了
Heuj laj cix geuh caez
齿下且撬完
Mumh swix cix daeq bae
须左且剃去
Haej mwngz duenz sam cih
给你猜三字

Dap：Gyaeuj gwnz cix buenx leu
答　头上且搬了
Heuj laj cix geuh caez
齿下且撬完
Mumh swix cix daeq bae
须左且剃去
Ndaej daih cij yieb hoiz
得大止页回

Cam：Naz liuq buj haen naex
问　田看不见内
Cae liuq buj haen laj
犁看不见下
Ek buj haen mbiengjgvaz
轭不见右边

　　　　Sam cih maz daeuj hoiz
　　　　哪三字来回
Dap：Naz liuq buj haen naex
答　　田看不见内
　　　　Cae liuq buj haen laj
　　　　犁看不见下
　　　　Ek buj haen mbiengjgvaz
　　　　轭不见右边
　　　　Ra bak leih ci hoiz
　　　　找口利车回
Cam：Maeg cix buj haen ndaem
问　　墨且不见黑
　　　　Saem cix buj haen iq
　　　　尖且不见小
　　　　Biq cix buj haen bak
　　　　唾且不见口
　　　　Dak（dag）mwngz duenz nanz dawz
　　　　量你难猜着
Dap：Maeg cix buj haen ndaem
答　　墨且不见黑
　　　　Saem cix buj haen iq
　　　　尖且不见小
　　　　Biq cix buj haen bak
　　　　唾且不见口
　　　　Ra namh hung cuiz dawz
　　　　找土大垂着
Cam：Dwg cih lawz lingh gak
问　　是哪字另样

　　　　Rengz noix bak cix lai
　　　　力少口却多
　　　　Dwg cih lawz geizgvaiq
　　　　是哪字奇怪
　　　　Youh baiz roeg youq henz
　　　　又排在鸟畔
Dap： Dwg cih gah lingh gak
答　　是咖字另样
　　　　Rengz noix bak cix lai
　　　　力少口却多
　　　　Dwg cih gaeq geizgvaiq
　　　　是鸡字奇怪
　　　　Youh baiz roeg youq henz
　　　　又排在鸟畔
Cam： Cih lawz noix daengj ngaeu
问　　哪字少竖勾
　　　　Cingq daeuj baenz cih bet
　　　　正变成八字
　　　　Cih lawz bet baez gya
　　　　哪字八一加
　　　　Ra de gyaj buj meiz
　　　　找它没有假
Dap： Cih iq noix daengj ngaeu
答　　小字少竖勾
　　　　Cingq daeuj baenz cih bet
　　　　正变成八字
　　　　Cih ciz bet baez gya
　　　　直字八一加

    Ra de gyaj buj meiz
    找它没有假
Cam：Cih lawz hap ndwen seng
 问 哪字合月生
    Cih lawz ngoenz seng baenz
    哪字日生成
    Cih lawz vunz coenz caen
    哪字人言真
    Mwngz haen cix naeuz gou
    你见且告（诉）咱
Dap：Cih swng hap ndwen seng
 答 胜字合月生
    Cih singh ngoenz seng baenz
    星字日生成
    Cih saenq vunz coenz caen
    信字人言真
    Gou haen cix naeuz mwngz
    我见且告（诉）你
Cam：Sij ok meiz seiq gok
 问 写出有四角
    Veh ok luenz lumj loek
    画出圆像轮（子）
    Haet hwnj haemh cix doek
    早升晚且落
    Duenz loeng fouz bonjsaeh
    猜错无本事
Dap：Sij ok meiz seiq gok
 答 写出有四角

　　　　Veh ok luenz lumj loek
　　　　画出圆像轮（子）
　　　　Haet hwnj haemh cix doek
　　　　早升晚且落
　　　　Buj ndaej loeng cih saed
　　　　不得误日字
Cam：Yienghmaz mwnz gvaq gyaeq
问　　什么比蛋圆
　　　　Hwnzlaez buj meiz soq
　　　　怎么没有数
　　　　Caenz lauxbiuj buj rox
　　　　若老表不知
　　　　Daeuj coh hawj gou naeuz
　　　　跑来给我说
Dap：Aen lingz mwnz gvaq gyaeq
答　　〇字比蛋圆
　　　　Hwnzlaez buj meiz soq
　　　　怎么没有数
　　　　Mwngz duenz gou cix rox
　　　　你猜我且知
　　　　Buj sinhoj mwngz naeuz
　　　　不辛苦你说
Cam：Cih maz it gvaq daej
问　　何字一过底
　　　　Hwnzlaez ngoenz buj bienq
　　　　怎么日不变
　　　　Cih maz it youq bien
　　　　何字一在边

二、文字篇

    Moq bienq maz satsat
    新变何然然

Dap：Cih ngoenz it gvaq daej
答 日字一过底

    Ndaej ngoenz ngoenz buj bienq
    得旦日不变

    Cih ngoenz it youq bien
    日字一在边

    Moq bienq gaeuq satsat
    新变旧然然

Cam：Cih lawz ndwen raemh fwj
问 哪字月遮云

    Cih lawz fwj raemh ngoenz
    哪字云遮日

    Hawj mwngz siengq gyaeujngoenz
    给你想头昏

    Rax roen dap buj meiz
    找路答没有

Dap：Cih yuk ndwen raemh fwj
答 育字月遮云

    Cih raemh fwj raemh ngoenz
    昙字云遮日

    Gou siengq buj gyaeujngoenz
    我想不头昏

    Cungj meiz roen dap dawz
    总有路答对

Cam：Ngoenz mwngz bae cawx faenj
问 今你去买粉

Gaen faenj geijlai cenz

（一）斤粉多少钱

Buj dwg cam enjhenz

不是问着玩

Cingj menhmenh naeuz gou

请慢慢告（诉）咱

Dap： Ngoenz gou bae cawx faenj

答　今我去买粉

Gaen faenj it bak cenz

（一）斤粉一百钱

Buj dwg cam enjhenz

不是讲着玩

Menhmenh hoiz naeuz mwngz

慢慢回答你

Cam： Ngoenzneix bae dwk roeg

问　今日去打鸟

Roek duz gyaeuj raemj ndoq

六只头割秃

Gouj duz ga raemj duenh

九只腿割断

Gyonj meiz geijlai duz

（一）撮有多少只

Dap： Ngoenzneix bae dwk roeg

答　今日去打鸟

Roek duz gyaeuj raemj ndoq

六只头割秃

Gouj duz ga raemj duenh

九只腿割断

Gyonj ngamj meiz lingz duz
一撮有零只
Cam： Gaiq naz youq ndingqgyang
问 （一）块田在中间
Song bangx cib cih roen
两旁十字衢
Hawj mwngz siengq daengx ngoenz
给你想终日
Buj meiz roenloh hoiz
没有衢路回
Dap： Gaiq naz youq ndingqgyang
答 （一）块田在中间
Song bangx cib cih roen
两旁十字衢
Gou buj siengq daengx ngoenz
我不想终日
Roenloh dwg cih ci
衢路是車字
Cam： Ngoenz seng maz giz ngeih
问 日生何（星）期二
Cien leix maz haen youx
千里何见友
Raemx youx maz dawz ma
水酉何拿来
Haj haeuj ma caimoiz
哪五口猜码
Dap： Ngoenz seng singhgiz ngeih
答 日生星期二

Cien leix cungz haen youx
　　　　千里重见友
　　　　Raemx youx laeuj dawz ma
　　　　水酉酒拿来
　　　　Haj haeuj raeuz caimoiz
　　　　五口吾猜码
Cam： Cih lawz de lingh gak
问　　何字它另样
　　　　Seiq aen bak cih cib
　　　　四个口（一个）十字
　　　　Cih lawz haj aen cib
　　　　何字五个十
　　　　Nyib seiq bak doxriengh
　　　　缝四口相连
Dap： Cih doz de lingh gak
答　　圖字它另样
　　　　Seiq aen bak cih cib
　　　　四个口（一个）十字
　　　　Cih bix haj aen cib
　　　　畢字五个十
　　　　Nyib seiq bak doxriengh
　　　　缝四口相连